RUBÉN ZAMORA

SATANÁS, EL ARCÁNGEL DEL MAL

Plutón
Ediciones

© Plutón Ediciones X, s. l., 2024

Diseño de cubierta y maquetación: Saul Rojas Blonval

Edita: Plutón Ediciones X, s. l.,

        E-mail: contacto@plutonediciones.com
        http://www.plutonediciones.com

I.S.B.N: 978-84-10233-70-6
Depósito Legal: B-16584-2024

Impreso en España / Printed in Spain

Para mi hermano,
Héctor Manuel,
el más creyente
de mis hermanos.

PRÓLOGO:
EL MAL

Si matas a una cucaracha,
eres un héroe;
si matas a una mariposa,
eres un engendro del mal.
La moral tiene estándares estéticos.
NIETZSCHE

¿Qué es el mal?

¿Algo inevitable e inherente al ser humano?

¿Lo que sucede de forma natural y hace daño, mata, hiere, enferma, no conviene, retrasa, accidenta, destruye, extermina, como buena parte de la naturaleza misma?

¿Lo inmoral, lo antiético, aunque para unas culturas lo sea y para otras no?

¿Lo que se hace a sabiendas de que es falso, mentira, trampa, fraude, crimen, asesinato, guerra, abuso, manipulación, adoctrinamiento, robo, crueldad y otras lindezas tan comunes a los seres vivos, incluidos los pomposos seres humanos?

¿Lo que se hace de manera inconsciente por ignorancia o falta de educación e información?

¿No creer en un absurdo en el que cree mucha gente, llámese dios, pandemia, noticia mundial, red social o serie televisiva?

¿No seguir la corriente y actuar sin pensar en lo que digan de nosotros los demás?

¿Todo lo anterior y algo más que ahora mismo se nos escapa?

Espero que don Rubén Zamora, el amigo de los ángeles, nos lo aclare a lo largo de este libro, *Satanás, el Arcángel del Mal*, porque yo no lo tengo muy claro.

Resulta que carezco de la sensibilidad, las creencias religiosas y los supuestos morales que se requieren para comprenderlo, y quizá lo leído y las experiencias de la vida no sean suficientes para definirlo:

LILITH Y EVA, ¿LAS MADRES DEL MAL?

En la mitología judeocristiana el mal es prácticamente todo lo femenino, y la hembra, ya sea Lilith o Eva, es la representante del mal y de todos los males que aquejan a la humanidad.

El demonio viene después, y en un principio parece que es un hermoso y obediente ángel del Señor; mientras que la hembra es un ser sin alma, sin corazón y sin espíritu, a pesar de ser el canal de la transmisión de la sangre de padres a hijos, y, obviamente, del sacrosanto nacimiento. Ningún macho humano, a pesar de sus grandes virtudes, puede hacerlo, y necesita de la hembra para reproducirse.

El bien, entonces, necesita del mal para reproducirse, toda una paradoja.

La culpable de todo mal, la mujer

EL ARCÁNGEL GABRIEL CONTRA EL DIABLO,
LA LUCHA SEMPITERNA

En mi lejana juventud mexicana, fui a ver una obra de teatro, *Otra vez el Diablo*, que me sorprendió gratamente, y que, sin quererlo, anunciaba su propio destino.

La obra se presentaba a concurso del Instituto de la Juventud, organismo oficial y partidista del entonces siempre triunfante Partido Revolucionario Institucional (PRI), que dirigía un buen amigo, Gabriel, con el fin de conseguir el gran premio: presentarse en la Olimpiada Cultural de Múnich, con todos los gastos pagados, para representar a México.

No recuerdo el nombre de la obra del amigo Gabriel, pero sí tengo muy presente que ganó el concurso a pesar de ser un texto muy inferior al de *Otra vez el Diablo*, con lo que el "Arcángel Gabriel" volvía a derrotar al pobre Diablo que ni siquiera pudo presentar batalla, pues Gabriel era juez, parte y el que decidía, y decidió premiarse a sí mismo.

El grupo de teatro de la compañía Tespis (en honor al gran dramaturgo griego), estaba formado por cuatro personas; y el de Gabriel, por nadie, aunque me incluyó para hacer bulto y quedarse con los viáticos, sin que yo me enterara: "Así le ahorro dos pasajes y gastos al erario", me dijo una vez que me enteré de mi falsa participación, como para disculparse, aunque su sonrisa de mueca no parecía muy franca.

Gabriel se fue a Múnich a conocer Europa con los gastos pagados y un extra para los souvenirs. No sé si presentó o no su obra, y ni siquiera si la obra existía, pero sí supe del odio que despertó en Marco Antonio, que interpretaba al estudiante y dirigía la obra de Casona, cuyas demandas y acusaciones cayeron en saco roto, pues el PRI era garantía de impunidad para sus colaboradores.

El problema con Gabriel, y su salida del Instituto de la Juventud (INJUVE), se debió a un pequeño y bochornoso asunto en Alemania: Gabriel, que no era ningún adolescente, se coló en el magnífico Metro de Múnich, al ver que no había puertas y así ahorrarse la entrada.

Fue detenido por la policía, que lo sometió con cierta crueldad al ver que Gabriel era muy moreno, como los turcos, y lo mantuvo en custodia hasta que alguien del consulado fue a rescatarlo.

Gabriel, acostumbrado a las formas mexicanas de comportamiento, quiso parecer más de lo que era, y, en lugar de dar las gracias al del consulado, le reclamó su tardanza y lo amenazó de quitarle el empleo porque él, Gabriel, era hijo de un exgobernador del Estado de Morelos, con gran influencia en los organismos del Estado Mexicano, y que él mismo era el director del Injuve de Morelos.

Nadie le hizo mucho caso, y, al volver a Cuernavaca, se enteró de que Marco Antonio ocupaba su lugar en el Injuve, y que él, el gran Gabriel, casi un arcángel del sistema hasta entonces, al final había perdido la batalla contra el Diablo.

Marco Antonio nunca se premió a sí mismo ni malversó el presupuesto, aunque tenía otros "defectos" muy mal vistos en Cuernavaca en aquellos tiempos, y que Gabriel aprovechaba para criticarlo, burlarse de él y pedir su destitución cada vez que se le presentaba la oportunidad, aunque nunca lo lograra.

¿Aprendió Gabriel la lección?

No, al menos en aquella época, para nada, al contrario, se vanagloriaba de su comportamiento e intentó medrar más en diversos organismos gubernamentales, sociales y económicos de la región, unas veces con cierto éxito, y otras fracasando y quedando en ridículo, pero él no se inmutaba e insistía en buscar el camino fácil de las influencias sin importarle a quiénes dañaba, sino todo lo contrario, se burlaba de ellos y los insultaba.

Gabriel no era la excepción, creo que yo mismo no

era muy diferente, y como muchos otros mexicanos buscaba la manera de ganar sin esfuerzo ni justicia, gracias al compadrazgo y la impunidad.

"Somos el futuro de la nación", me decía a veces. "Pues vaya futuro le espera", le respondía, mientras contaba el dinero de la última corrupción.

El mal no tiene consciencia de que es mal.

Personalmente, tardé muchos años en tener consciencia y conciencia del mal, y en actuar en consecuencia. La última vez que tuve contacto con mi buen amigo Gabriel, él parecía seguir empeñado en la trampa y en medrar a costa de lo que fuera y sin compadecerse de los estafados. Hoy en día no sé dónde ni cómo andará.

De Marco Antonio y de su *Otra vez el Diablo*, supe algo más, pues a pesar de no abusar abiertamente de su puesto, le nació un automóvil, le creció la casa, obtuvo un buen puesto en la Universidad de Morelos, se casó, y hasta hizo carrera política en el Ayuntamiento, mientras que Gabriel no logró tanto en su afán de triunfo.

¿Ganó el Diablo y perdió Gabriel?

Puede ser.

Yo, como simple observador, me enfrasqué en la poesía, aunque estuve a punto de seguir los pasos de Gabriel, o de Marco Antonio, al fin y al cabo, los dos eran mis amigos y compañeros de estudios literarios, sin tener consciencia realmente de mí mismo ni de lo que sucedía a mi alrededor, sobre todo en lo que respecta a la diatriba del bien y del mal:

LO BUENO, LO MALO Y EL FEO

Cómo no voy a estar agradecido
con la vida que me ha tocado,
pues en ella he sido casi de todo.
Más o menos, bueno y malo,

viviendo del cuento,
es decir, de lo que escribo,
solitario y esquivo,
pero con gente hermosa
siempre a mi lado
que me ha dado su cariño.
Eso es lo bueno.

¿Lo malo?
De lo malo no he aprendido
todo lo que debía
y tengo deudas, todavía,
pero sí a reírme de la vida
y de mí mismo
cuando caigo en el abismo.
Algo es algo y no tan malo.

La suma:
Pues que soy muy rico
y petulante de cinismo,
no monetario,
y millonario
cuando alguien me regala
una sonrisa
y me la quedo todo el día...
rara es la jornada
que no tengo este tesoro.

En fin,
que gracias por todo
lo bueno y lo malo de esta vida,
aunque no sé a quién
debo darlas,
solo deseo que todos,
absolutamente todos,
vivan y mueran plenos de gracia,
con la sonrisa amplia y grata
que reconforta

y llena el alma.

Remate:
Qué quieren,
hoy amanecí sensible,
tierno, santo, sustentable,
es decir, medio atontado
hasta que se me pasó lo amable
por no sé qué mala noticia,
por no sé qué mala persona,
por no sé qué maldito rearme...
¡Que se muera todo el mundo
y todos sus habitantes!

¿Sonreíste, maldijiste?
¿Sí? ¿No?
Espero ser el culpable.

Quizá por eso y ya en España, cuando conocí a Rubén (Zamora), por fin empecé a comprender que el mal sí existe en contraposición del bien, y que no es solo una cuestión estética o cultural, sino algo más, algo tan sutil e intrínsecamente malvado, que algunos tardamos en darnos cuenta de su presencia.

EL MAL DEL MAL

Una de las dificultades de reconocer el mal y ser consciente de él, es la óptica o perspectiva desde la que se observa y define.

Por ejemplo, para el positivismo, el idealismo, el socialismo o el comunismo, el mal es el materialismo, o el capitalismo:

"¿Qué es el materialismo sino el estado de aquel que, apartado de Dios, no tiene más interés que el terrenal?" Dice Jean Paul Sartre, supuestamente existencialista.

"La religión es el opio del pueblo", apunta Karl Marx.

Si el mal es lo contrario al bien, lo que se aparta de lo lícito y honesto, ¿cómo podemos distinguir lo lícito y lo honesto?

Lo lícito es lo que está dentro de lo legal, de las leyes, unas leyes que a menudo no son nada justas y mucho menos honestas, y sirven para proteger al rico y al poderoso de las necesidades de los menesterosos.

Ser honesto bajo estos presupuestos es una ilusión, no una verdad sana del comportamiento.

Las ideologías de unos chocan frontalmente con las ideologías de otros, con lo que el mal es siempre el otro y nunca uno.

¿Qué sería del Bien sin el Mal?

El enemigo es el mal, aunque no represente ninguna amenaza real, porque su simple o posible existencia ya encarna todos los males.

El contrario es el mal, sea el que sea que no comulgue con nuestra forma de vivir, pensar, sentir o estar sobre este mundo.

El extranjero, a decir del ambiguo Camus, es el mal, pues viene a romper nuestras tradiciones y a quedarse con nuestras mujeres.

El sexo es el mal, pues es fuente de toda inmoralidad y concupiscencia.

La gula es el mal.

La ira es el mal.

La soberbia es el mal.

El orgullo es el mal.

La pereza, de desidia y la negligencia son el mal encarnado.

La lujuria es el mal, pues todo exceso es malvado y pecaminoso.

Con lo que resulta que todo placer engorda, hace daño o es pecado.

Pero sufrir también está mal o es malo, si bien puede dar de comer.

Según la ética, que no es otra cosa que la moral organizada, el mal es la condición negativa atribuida al ser humano que indica la ausencia de principios morales, bondad, caridad o afecto natural por el medio ambiente y los seres vivos, incluidos los humanos, que figuran en él.

Kant proponía un imperativo categórico que consistía en siempre hacer el bien y actuar en consecuencia, costara lo que costara, incluso la pobreza, la condena, el hambre o lo que fuera, porque es preferible pasarlo mal que mentir: "Haz el bien, aunque te vaya mal", una paradoja romántica propia de las novelas, no de la vida real.

Kant y el imperativo categórico

Pero de qué mal hablamos.

¿Mal físico?

¿Mal moral?

¿Mal ético?

¿O simple mal?

Usted escoja, porque además se puede presentar en forma física, mental, material o psíquica, con creencias religiosas diferentes o encontradas en la misma tónica, listas para conquistar al aborigen y educarlo en una nueva religión, tanto como para matar al hereje o al ateo que se burla de nuestras creencias o se niega a comulgar con ellas.

El fanatismo es el mal.

El ateísmo es el mal.

La bondad es del todo malvada cuando actúa bajo la sombra de una creencia, porque está dispuesta a violar, vejar, matar y destruir con base en unas creencias determinadas: "Te pego por tu bien", así, si la gente que era quemada en la hoguera no era maltratada salvaje, cruel y sádicamente, sino una manera amable de salvarle el alma.

"Hay que temerle al bueno, pues es capaz de cualquier atrocidad por preservar su bien sin que lo esperemos, mientras que del malo sabemos que siempre es malo y estamos preparados para enfrentarlo".

El bueno piensa que al malo hay que hacerle el mayor mal posible para educarlo o erradicarlo, con lo que en el fondo quizá sea peor que el malo; pero las élites mandan y los pobres obedecen y hasta aplauden las salvajadas de sus amos, total, solo están castigando al malo, al enemigo, al diferente, al ateo, al perdulario.

Veamos qué nos cuenta y nos dice de todo esto don Rubén Zamora, que de estos temas sabe mucho más que yo.

"Dios mío, cuídame de los buenos, que de los malos ya me cuido yo."

DR. TAPIA

Introducción:
El Bien

*El Bien
es la semilla divina
que hace florecer
al Universo entero.*
San Francisco de Asís

No solo la modernidad ha puesto en duda el hecho del bien y de ser bueno, también en la Edad Media la gente pensaba que la bondad y el buen comportamiento era de tontos y de necios que dejaban pasar las oportunidades de medrar, emborracharse, ser inmorales con respecto al sexo, robar, hacer rapiña, abusar del débil, burlarse del diferente, maltratar al más pobre, mentirle al amo, blasfemar contra el cura o el Papa, herir los sentimientos de quién fuera, aprovecharse de la ingenuidad de los más pequeños, y tal vez arrepentirse y hasta confesarse para borrar todos los pecados y aspirar al Cielo.

Sí, y a pesar de todo, aspirar al bien final, al bien supremo.

Mi hermano, Héctor Manuel, me decía que la religión católica era la mejor del mundo porque permitía la salvación *in extremis* incluso al peor de los pecadores.

Limpiar las manchas (pecados) de las malas acciones humanas, de lo mal hecho en esta Tierra, que, al fin y al cabo, no era más que pasaje de lágrimas y miserias, de enfermedades y de violencia, que podían lavarse sin más agua que la fe, porque en el Paraíso Celestial no tenían cabida ni sentido.

De esta manera, el probo, aunque haya sido del todo bueno en el mundo, no tiene cabida en el Cielo si carece de fe, porque también todo lo bueno, santo y puro de esta Tierra no tiene sentido en el Cielo.

Mi reino no es de este mundo, así que más vale creer que ser bueno, y si crees y además haces el bien, pues mucho mejor para tu alma en el otro Mundo.

Bajo esta premisa, incluso Satanás, el Arcángel del Mal, puede ser salvo: un simple rayo de luz de la mirada de Dios puede devolverlo a su puesto original en el Paraíso Celestial que perdió en su momento.

El Bien, por lo tanto y aunque a veces no lo parezca, está muy por encima del Mal y de todos los males y pecados, como iremos viendo paso a paso:

Satanás, el amigo de Jehová, nos habla de la antigua amistad entre Dios y el Diablo, que se divierten con Job y su dudosa paciencia.

Las mitología semítica y judía nos hablan de un Lucifer como el más hermoso de los ángeles, brillante y poderoso, aunque algo rebelde, lo que le costó salir del Cielo y ser destinado a ser el rey de la Tierra, de este planeta.

Luzbel es el lucero de la mañana que cayó del Cielo, una posición astrológica y metafórica, con Venus y las Vírgenes como protagonistas.

Enoch nos habla de los ángeles guardianes de la humanidad, y cómo estos se enamoran de las mujeres humanas y hacen enfurecer a su Dios, pero que dejan su simiente divina en el planeta.

Los Nefilim, hijos de las humanas y de los ángeles, son los gigantes que poblaron la Tierra y que se fueron extinguiendo poco a poco, pues su simiente no cuajó y no pudieron reproducirse más.

Los Ángeles Caídos son muchos más de los que habitualmente se conoce, demonios que se confunden con ángeles y con antiguos dioses, amigos y enemigos de la humanidad, titanes y seres primordiales que alguna vez poblaron la Tierra, y que quizá sigan entre nosotros.

De ahí se deriva que buena parte de la humanidad pueda ser esencia o descendencia de los Ángeles Caídos, y, por tanto, con la posibilidad de volver al

Reinado Celestial tras su muerte o el día del Juicio Final.

La sombra oscura del ser humano quizá va más allá del simple pecado o las transgresiones éticas, morales y legales, e incluso ser una especie de rebeldía a lo impuesto o a lo pactado.

Los infiernos de Dante (escritor divino por encargo), y otros más, como posible castigo a los que se salen del redil y apuestan por su propia liberación espiritual al no venderse a sus amos terrenales y espirituales.

Los paraísos celestiales, la promesa o la constricción, la coacción emocional para someter a los espíritus elevados si desean ser eternos y conscientes.

Dante, escritor divino por encargo

El abismo y la salvación, los contrarios complementarios o irreconciliables tras el paso por la vida.

¿Basta con la fe para salvarse? Puede ser que sí, o quizá no: creer o pensar, he ahí el dilema.

Demonios y ángeles internos de los submundos, las raíces profundas del Árbol de la Vida.

¿Ángel o Demonio interno?

Ángeles y demonios entre nosotros como fuerzas contrarias en la concepción de lo que son el espíritu y el alma.

Entonces, ¿de qué sirve vender el alma a un Diablo o someterla a un Dios si de ninguna de las dos potencias nos liberamos?

Satanás quizá quede del todo impune al final de los tiempos, porque es posible que nunca haya dejado de ser amigo de Jehová, y que todo lo que conocemos sea una de sus bromas para divertirse con las reacciones y locuras de la humanidad.

Todo esto, y quizá algo más, es lo que veremos a lo largo del presente texto, para reflexionar sobre la propia fe y lo que está más allá de la mismo, como ciertos intereses, falacias y manipulaciones interesadas para mantener preso el espíritu del hombre adorando a quienes no tiene que adorar, y enfrentando la necesidad de liberarse y ascender espiritualmente por experiencia propia.

El bien del Bien

El Bien, sin embargo y a pesar de todas sus paradojas y contradicciones, existe, es y está entre y dentro de todos nosotros, incluso de los más malos y desalmados (muchos de los cuales incluso piensan y creen que hacen bien al robar, delinquir, estafar o asesinar), porque hay una luz divina que nos anima cada amanecer y cada anochecer.

El bien es mucho mayor que el mal, pero no hace el mismo ruido, lo mismo que el amor es más grande que el odio, y los más sencillos y nobles actos de bondad son más numerosos que los bajos actos de maldad.

La bondad no es debilidad, sino verdadera resistencia y valor ante la adversidad que hoy en día llaman resiliencia.

La humanidad está muy lejos de ser perfecta y del todo correcta, pero hace más el bien que el mal, e incluso cuando algunas veces hace el mal termina consiguiendo el bien, o viceversa.

Cuando se descubrió el potencial energético del petróleo y se implementó en la industria, se creía que se estaba actuando bien, productiva y correctamente, sin adivinar que acabaría siendo un grave contaminante para el medio ambiente, aunque menos contaminante que el carbón que se usaba hasta entonces.

La misma industrialización fue un beneficio para millones de seres humanos, ya que llevó comida y vestido a casi todo el mundo, para luego convertirse en un problema de sobre explotación de mano de obra barata y recursos naturales.

Volver a la naturaleza no va a ser fácil, pero se intenta buscando el equilibrio entre lo que se produce, y de la manera en que se produce, y el consumo y en cómo se consume.

Tener esclavos daba dignidad al esclavero

Los celtas eran naturalistas y los fisiócratas (defensores del campo y lo artesanal como riqueza en contraposición a la industria) apostaban por una vida apegada a la tierra, pero la ecología no aparece hasta 1955, que es cuando empezamos a darnos cuenta de que lo que creíamos bueno no era tan bueno, sino bastante malo.

El bien puede ser un simple acto sencillo y cotidiano, hecho por todos y cada uno de nosotros para que lo individual vuelva a ser grupal y constructivo.

Prever el futuro no es sencillo, pues no sabemos cuál va a ser la moral dentro de cien o quinientos años.

No hay que olvidar que la esclavitud era de lo más común y corriente, algo bueno para la sociedad y para el esclavo, con fundadores de universidades y filántropos que a la vez se dedicaban a la captura, compra y venta de seres humanos, sin darse cuenta del daño que causaban. Tener esclavos no solo estaba bien, sino que era benéfico para la sociedad, amos y esclavos, pues los primeros se enriquecían y los segundos se volvían "humanos" gracias al conocimiento, la educación y la religión, lo que para entonces era un avance para el mundo.

En ese sentido, hoy en día se puede argumentar perfectamente que Jehová era un ser avieso y malvado, y Satanás un rebelde que intentaba liberar a la humanidad de sus cadenas y de la esclavitud moral, emocional, mental y física que en cierta forma muchos seres humanos siguen padeciendo, pues aplauden más a su amo que a su libertador. Cuestión de puntos de vista y de creación relativa de la propia realidad.

La verdad es una, pero, curiosamente, nadie la ve de la misma manera y cada quien la interpreta y la viste o la desnuda.

Como diría el filósofo: "Si te hace bien a ti y a los demás, es bueno; pero si solo hace feliz a una de las partes, no lo dudes, es malo."

Por tanto, espero que este libro haga bien a todos.

I
Satanás, el amigo de Jehová

Dos tercios de la humanidad vive diariamente todo tipo de tribulaciones, hambre, guerra, enfermedad, desarraigo, ruina, persecución y pobreza, mientras el otro tercio vive gracias al despojo sobre el resto del mundo.

Las grandes religiones, catolicismo, cristianismo, islam, judaísmo, budismo e hinduismo, son seguidas precisamente por los dos tercios que sufren, y por buena parte del tercio al que en esta vida no le pasa nada.

Muy pocos de los que sufren son ateos, agnósticos o libres pensadores, y muchos menos los que no creen absolutamente en nada.

No faltan, entre los creyentes de las grandes y pequeñas religiones, los que creen además en la astrología, la brujería o cultos exóticos como el yoruba, el vudú, el candomblé o la santa muerte.

Las grandes religiones siempre han ido en contra de las supersticiones populares, y hasta han torturado y ejecutado o quemado a quienes las practicaban, pero con el tiempo se han vuelto aparentemente más tolerantes, y permiten, aun sin agradarles, el culto a vírgenes, santos y hasta dioses seculares con tal de no perder a la clientela y sus limosnas.

Tanto en África como en Japón hay personas que asisten a varias iglesias y comulgan tanto con Alá como con Buda, con Krishna o con Cristo, y de paso creen en la magia, los milagros, los fantasmas que les ayuden a soportar el paso por esta vida.

No es que sea necesario, pero tal parece que la humanidad está contenta con sus diversas creencias, incluso a pesar de las guerras sagradas y las matanzas entre creyentes, porque encuentran en su religión un bálsamo anímico, una promesa de trascendencia, o la salvación de su alma.

"¡Mi dios es superior!"

"Mi dios es el único y verdadero!"

"Mi dios me lo da todo y el tuyo no da nada!"

"Mi dios es el creador de todo el universo, y el tuyo es un demonio agazapado".

Cada quién cree que su dios es el dios de todos los dioses, o que es el único y padre del cosmos, o que tiene el poder de matar a sus adversarios, o que es más hermoso y elegante.

Incluso hay quien en verdad cree que su religión es la única sobre la faz de la Tierra, científicos y literatos incluidos, y son incapaces de concebir otras creencias o religiones, como si no existieran, como si su dios fuera el dios de todas ellas, y solo su religión contara en el mundo como camino hacia el Cielo, el resto, simples y torpes supersticiones, son cultos exóticos sin consistencia.

Reconocer que las religiones son una construcción social propia de una cultura determinada, no entra en sus planes.

Tampoco entra en sus planes aceptar que alguien no crea absolutamente en nada, ni en una religión ni en otra, absolutamente en nada.

Yo soy creyente, pero no de un dios en particular a pesar de que mi formación es obviamente católica.

No creo en las vírgenes, y no porque durante siglos la Iglesia las haya considerado diabólicas, sino porque son demasiadas y lo de las advocaciones marianas no lo he entendido nunca del todo.

Jesús me parece un buen y apreciable profeta, y no porque yo sea judío o musulmán, sino porque el argumento de su posible vida y existencia nunca me ha parecido congruente, y porque tiene mucho de estoicismo, taoísmo, budismo y hasta platonismo, con una visión del mundo mucho más romana que judía.

Como buen español, estoy con los godos que eran muy católicos, pero que no podían aceptar, por blasfema, que Dios Padre tuviera hijos terrenales por cristos que fueran, y mucho menos que esos hijos fueran sus avatares, como los avatares de Brahma en la India, es decir, el mismo Dios Padre.

Tampoco creo en los santos, aunque la vida o hagiografía de algunos de ellos sea ejemplar, y gracias a la fe de sus seguidores hasta milagrosa, como es el caso de san Roque, mi santo favorito, pero eso no les confiere divinidad alguna, y a menudo ni siquiera realidad histórica.

En lo que sí creo y no lo puedo negar, es en esos seres de luz a los que se llama mensajeros, o ángeles, que es lo mismo; y no lo puedo negar porque, como ya he contado en diversos libros y ocasiones, desde muy pequeño y en la cuna tuve una experiencia con uno de ellos: Uriel, el descarnado, y con el paso del tiempo me lo he ido encontrando, sobre todo sin buscarlo, como para recordarme que es real y no producto de mi mente enferma, porque la duda, al igual que la creencia y la fe, siempre acompañan a la mayoría de los seres humanos, y no soy excepción alguna.

Creo, pues, en los Ángeles, incluso en los llamados Ángeles Caídos, que también hablan y se manifiestan de vez en cuando a algunos seres humanos.

LA APARICIÓN DE SATANÁS EN LA BIBLIA

Como nombre propio, Satanás solo aparece en el Libro de Job y en el Nuevo Testamento tentando a Cristo. Fuera de ello, solo aparece como adjetivo que significa "contradicción" o "el que contradice" o "el que va en contra", pero nada más.

Isaías habla de Luzbel, no de Satanás, y en la mitología judeocristiana es Lucifer el Arcángel desterrado del Cielo, que bien los tres pueden ser el mismo, pero no está claro que lo sean.

Satanás, por ejemplo, para mí (y para muchos otros), es un Arcángel Caído que en algún tiempo fue camarada de Jehová, al que muchos llaman dios, pero que algunos también llaman el Demonio de todos los Demonios, y no por faltarle al respeto, sino, como dice el refrán bíblico: "Por sus obras los conocerás", y tanto por haber creado a Satanás, como por el comportamiento como dios, el gran Jehová, por lo menos en los relatos de la Biblia, no es el más santo ni el más puro, sano, bondadoso y amoroso de todos los dioses, sino más bien un poco, o un mucho, un ser acomplejado, celoso, rijoso, intransigente, imperativo y hasta algo sádico y asesino, entre otras muchas cosas, que castiga más que premiar a los seres de su propia creación.

Cuando eran camaradas, a Satanás se le ocurrió la idea de poner a prueba a un bueno hombre, Job, y Jehová, en lugar de mantenerse en su sitio, aceptó el juego de ver si Job lo seguiría adorando tanto en la ruina, la enfermedad, la pobreza y la desgracia, como lo había adorado en la riqueza y la bonanza.

Hay incluso quien asegura que Jehová y Satanás son el mismo, una esquizofrenia celestial que le permite a Dios hacer maldades con la personalidad de Satanás; o también que el verdadero Demonio que domina la Tierra y sus males es Jehová en persona, sin más diablos ni ángeles caídos que él mismo, por lo que se puede cebar contra quién sea sin necesidad de que nadie lo anime a hacerlo.

Quién puede saberlo.

De momento vamos con el pobre de Job:

La impaciente paciencia de Job

1 Hubo, en tierra de Uz, un varón llamado Job; y era este hombre perfecto y recto, temeroso de Dios y apartado del mal.

2 Y le nacieron siete hijos y tres hijas.

3 Su hacienda era de siete mil ovejas, tres mil camellos, quinientas yuntas de bueyes, quinientas asnas, y muchísimos criados; y era aquel varón más grande que todos los orientales.

4 E iban sus hijos y hacían banquetes en sus casas, cada uno en su día; y enviaban a llamar a sus tres hermanas para que comiesen y bebiesen con ellos.

5 Y acontecía que habiendo pasado en turno los días del convite, Job enviaba y los santificaba, y se levantaba de mañana y ofrecía holocaustos conforme al número de todos ellos. Porque decía Job: Quizá habrán pecado mis hijos, y habrán blasfemado contra Dios en sus corazones. De esta manera hacía todos los días.

6 Un día vinieron a presentarse delante de Jehová los hijos de Dios, entre los cuales vino también Satanás.

7 Y dijo Jehová a Satanás: ¿De dónde vienes? Respondiendo Satanás a Jehová, dijo: De rodear la tierra y de andar por ella.

8 Y Jehová dijo a Satanás: ¿No has considerado a mi siervo Job, que no hay otro como él en la tierra, varón perfecto y recto, temeroso de Dios y apartado del mal?

9 Respondiendo Satanás a Jehová, dijo: ¿Acaso teme Job a Dios de balde?

10 ¿No le has cercado alrededor a él y a su casa y a todo lo que tiene? Al trabajo de sus manos has dado bendición; por tanto, sus bienes han aumentado sobre la tierra.

11 Pero extiende ahora tu mano y toca todo lo que tiene, y verás si no blasfema contra ti en tu misma presencia.

Satanás, el regente del mundo

12 Dijo Jehová a Satanás: He aquí, todo lo que tiene está en tu mano; solamente no pongas tu mano sobre él. Y salió Satanás de delante de Jehová.

13 Y un día aconteció que sus hijos e hijas comían y bebían vino en casa de su hermano el primogénito,

14 y vino un mensajero a Job, y le dijo: Estaban arando los bueyes, y las asnas paciendo cerca de ellos,

15 y acometieron los sabeos y los tomaron, y mataron a los criados a filo de espada; solamente escapé yo para darte la noticia.

16 Aún estaba este hablando, cuando vino otro que dijo: Fuego de Dios cayó del cielo, que quemó las ovejas y a los pastores, y los consumió; solamente escapé yo para darte la noticia.

17 Todavía estaba este hablando, y vino otro que dijo: Los caldeos hicieron tres escuadrones, y arremetieron contra los camellos y se los llevaron, y mataron a los criados a filo de espada; y solamente escapé yo para darte la noticia.

Job caído en desgracia

18 Entre tanto que este hablaba, vino otro que dijo: Tus hijos y tus hijas estaban comiendo y bebiendo vino en casa de su hermano el primogénito;

19 y un gran viento vino del lado del desierto y azotó las cuatro esquinas de la casa, la cual cayó sobre los jóvenes, y murieron; y solamente escapé yo para darte la noticia.

20 Entonces Job se levantó, y rasgó su manto, y rasuró su cabeza, y se postró en tierra y adoró,

21 y dijo: Desnudo salí del vientre de mi madre, y desnudo volveré allá. Jehová dio, y Jehová quitó; sea el nombre de Jehová bendito.

22 En todo esto no pecó Job, ni atribuyó a Dios despropósito alguno.

Pero eso no era todo, había que hacerle pasar más sufrimientos, con Satanás convenciendo a Jehová, y con Jehová participando del cruel juego:

SEGUNDO DE JOB

Aconteció que otro día vinieron los hijos de Dios para presentarse delante de Jehová, y Satanás vino también entre ellos presentándose delante de Jehová.

2 Y dijo Jehová a Satanás: ¿De dónde vienes? Respondió Satanás a Jehová, y dijo: De rodear la tierra, y de andar por ella.

3 Y Jehová dijo a Satanás: ¿No has considerado a mi siervo Job, que no hay otro como él en la tierra, varón perfecto y recto, temeroso de Dios y apartado del mal, y que todavía retiene su integridad, aun cuando tú me incitaste contra él para que lo arruinara sin causa?

Jehová y Satanás

4 Respondiendo Satanás, dijo a Jehová: Piel por piel, todo lo que el hombre tiene dará por su vida.

5 Pero extiende ahora tu mano, y toca su hueso y su carne, y verás si no blasfema contra ti en tu misma presencia.

6 Y Jehová dijo a Satanás: He aquí, él está en tu mano; mas guarda su vida.

7 Entonces salió Satanás de la presencia de Jehová, e hirió a Job con una sarna maligna desde la planta del pie hasta la coronilla de la cabeza.

8 Y tomaba Job un tiesto para rascarse con él, y estaba sentado en medio de ceniza.

9 Entonces le dijo su mujer: ¿Aún retienes tu integridad? Maldice a Dios, y muérete.

10 Y él le dijo: Como suele hablar cualquiera de las mujeres fatuas, has hablado. ¿Qué? ¿Recibiremos de Dios el bien, y el mal no lo recibiremos? En todo esto no pecó Job con sus labios.

11 Y tres amigos de Job, Elifaz el Temanita, Bildad el Shuhita, y Zofar el Naamatita, luego que oyeron todo este mal que le había sobrevenido, vinieron cada uno de su lugar; porque habían convenido en venir juntos para condolerse de él y para consolarle.

12 Los cuales, alzando los ojos desde lejos, no lo conocieron, y lloraron a gritos; y cada uno de ellos rasgó su manto, y los tres esparcieron polvo sobre sus cabezas hacia el cielo.

13 Así se sentaron con él en tierra por siete días y siete noches, y ninguno le hablaba palabra, porque veían que su dolor era muy grande.

La paciencia de Job comienza a resquebrajarse en el tercer libro, tanto, que maldice su propia vida, dada por el Creador, y desea y anhela su propia muerte, e incluso no haber nacido nunca, pues ser un aborto hubiera sido preferible:

JOB MALDICE EL DÍA EN QUE NACIÓ, TERCERO DE JOB

Después de esto abrió Job su boca, y maldijo su día.

2 Y exclamó Job, y dijo:

3 Perezca el día en que yo nací, la noche en que se dijo: Varón es concebido.

4 Sea aquel día sombrío, y no cuide de él Dios desde arriba, ni claridad sobre él resplandezca.

5 Aféenlo tinieblas y sombra de muerte; repose sobre él nublado y que lo haga horrible como día caliginoso.

6 Ocupe aquella noche la oscuridad; no sea contada entre los días del año, ni venga en el número de los meses.

7 ¡Oh, que fuera aquella noche solitaria, que no viniera canción alguna en ella!

8 Maldíganla los que maldicen el día, los que se aprestan para despertar a Leviatán.

9 Oscurézcanse las estrellas de su alba; espere la luz, y no venga, ni vea los párpados de la mañana;

10 Por cuanto no cerró las puertas del vientre donde yo estaba, ni escondió de mis ojos la miseria.

11 ¿Por qué no morí yo en la matriz, o expiré al salir del vientre?

12 ¿Por qué me recibieron las rodillas? ¿Y a qué los pechos para que mamase?

13 Pues ahora estaría yo muerto, y reposaría; dormiría, y entonces tendría descanso,

14 Con los reyes y con los consejeros de la tierra, que reedifican para sí ruinas;

15 O con los príncipes que poseían el oro, que llenaban de plata sus casas.

16 ¿Por qué no fui escondido como abortivo, como los pequeñitos que nunca vieron la luz?

17 Allí los impíos dejan de perturbar, y allí descansan los de agotadas fuerzas.

18 Allí también reposan los cautivos; no oyen la voz del capataz.

19 Allí están el chico y el grande, y el siervo libre de su señor.

20 ¿Por qué se da luz al trabajado, y vida a los de ánimo amargado

21 que esperan la muerte, y ella no llega, aunque la buscan más que a tesoros;

22 Que se alegran sobremanera y se gozan cuando hallan el sepulcro?

23 ¿Por qué se da vida al hombre que no sabe por dónde ha de ir, y a quien Dios ha encerrado?

24 Pues antes que mi pan viene mi suspiro, y mis gemidos corren como aguas.

25 Porque el temor que me espantaba me ha venido, y me ha acontecido lo que yo temía.

26 No he tenido paz, no me aseguré, ni estuve reposado; no obstante, me vino turbación.

Desde este tercer libro hasta el 42, Job se queja amargamente de su mala fortuna, y no está muy contento con Dios a pesar de los tres emisarios que le insisten en que aguante y hasta agradezca su infortunio (cosa que a Jehová tampoco le parece muy bien pues no hablan de Él como debieran). Satanás, por su parte, deja de aparecer y no se sabe qué pasó con él ni cuál fue su relación posterior a las maldades que le hicieron al pobre Job para probar su fe.

Confesión y justificación de Job, libro 42

Respondió Job a Jehová, y dijo:

2 Yo conozco que todo lo puedes, y que no hay pensamiento que se esconda de ti.

3 ¿Quién es el que oscurece el consejo sin entendimiento? Por tanto, yo hablaba lo que no entendía; cosas demasiado maravillosas para mí, que yo no comprendía.

4 Oye, te ruego, y hablaré; te preguntaré, y tú me enseñarás.

5 De oídas te había oído; mas ahora mis ojos te ven.

6 Por tanto me aborrezco, y me arrepiento en polvo y ceniza.

7 Y aconteció que después que habló Jehová estas palabras a Job, Jehová dijo a Elifaz el Temanita: Mi ira se encendió contra ti y tus dos compañeros; porque no habéis hablado de mí lo recto, como mi siervo Job.

8 Ahora, pues, tomaos siete becerros y siete carneros, e id a mi siervo Job, y ofreced holocausto por vosotros, y mi siervo Job orará por vosotros; porque de cierto a él atenderé para no trataros afrentosamente, por cuanto no habéis hablado de mí con rectitud, como mi siervo Job.

9 Fueron, pues, Elifaz el Temanita, Bildad el Shuhita y Zofar el Naamatita, e hicieron como Jehová les dijo; y Jehová aceptó la oración de Job.

RESTAURACIÓN DE LA PROSPERIDAD DE JOB

10 Y quitó Jehová la aflicción de Job, cuando él hubo orado por sus amigos; y aumentó al doble todas las cosas que habían sido de Job.

11 Y vinieron a él todos sus hermanos y todas sus hermanas, y todos los que antes le habían conocido, y comieron con él pan en su casa, y se condolieron de él, y le consolaron de todo aquel mal que Jehová había traído sobre él; y cada uno de ellos le dio una pieza de dinero y un anillo de oro.

12 Y bendijo Jehová el postrer estado de Job más que el primero; porque tuvo catorce mil ovejas, seis mil camellos, mil yuntas de bueyes y mil asnas,

13 y tuvo siete hijos y tres hijas.

14 Llamó el nombre de la primera, Jemima, el de la segunda, Cesia, y el de la tercera, Keren-hapuc.

15 Y no había mujeres tan hermosas como las hijas de Job en toda la tierra; y les dio su padre herencia entre sus hermanos.

16 Después de esto vivió Job ciento cuarenta años, y vio a sus hijos, y a los hijos de sus hijos, hasta la cuarta generación.

17 Y murió Job viejo y lleno de días.

Jehová no restituyó a sus hijos, pero le dio muchos más, lo que en cierta forma también es una maldad nacida del poder y la soberbia, pues no le importa lo que amaba a los que le mató, como si se tratara de mascotas, como hacen muchos humanos con sus animales de compañía, castrándolos, vendiendo o matando a sus hijos, como si los animales fueran estúpidos y no tuvieran sus propios sentimientos.

Muchas veces los humanos nos portamos como dioses con lo que nos rodea, seres vivos incluidos, y los matamos o los salvamos porque podemos hacerlo y nos sentimos superiores a ellos, y los encerramos, adiestramos, mutilamos y hasta los matamos diciendo que es por su bien.

Tal parece que Job era eso, una mascota de Jehová, premiada después de la tortura gracias a la magnanimidad de su amo y señor, que lo hacía todo por su bien.

TENTANDO AL MESÍAS

La segunda aparición de Satanás en los textos bíblicos se da en el Nuevo Testamento, por los evangelios de Mateo (Mt 4, 1-11), Marcos (Marcos 1:12-13) y Lucas (Lc 4,1-13).

En ellos Satanás ya es un verdadero enemigo, y no solo el compañero de juegos de Jehová, ¿o sí?, y tentar a Jesús era algo parecido a las desgracias de Job:

EL COMPLOT PARA MATAR A JESÚS (LUCAS)

Estaba cerca la fiesta de los panes sin levadura, que se llama la pascua.

2 Y los principales sacerdotes y los escribas buscaban cómo matarle; porque temían al pueblo.

*3 Y entró Satanás en Judas, por sobrenombre Isca-
riote, el cual era uno del número de los doce;*

*4 y este fue y habló con los principales sacerdotes,
y con los jefes de la guardia, de cómo se lo entregaría.*

5 Ellos se alegraron, y convinieron en darle dinero.

*6 Y él se comprometió, y buscaba una oportunidad
para entregárselo a espaldas del pueblo.*

INSTITUCIÓN DE LA CENA DEL SEÑOR
(JUDAS, SERVIDOR DE SATANÁS)

*7 Llegó el día de los panes sin levadura, en el cual
era necesario sacrificar el cordero de la pascua.*

*8 Y Jesús envió a Pedro y a Juan, diciendo: Id, pre-
paradnos la pascua para que la comamos.*

*9 Ellos le dijeron: ¿Dónde quieres que la prepare-
mos?*

*10 Él les dijo: He aquí, al entrar en la ciudad os sal-
drá al encuentro un hombre que lleva un cántaro de
agua; seguidle hasta la casa donde entrare,*

*11 y decid al padre de familia de esa casa: El Maes-
tro te dice: ¿Dónde está el aposento donde he de comer
la pascua con mis discípulos?*

*12 Entonces él os mostrará un gran aposento alto ya
dispuesto; preparad allí. 13 Fueron, pues, y hallaron
como les había dicho; y prepararon la pascua.*

*14 Cuando era la hora, se sentó a la mesa, y con él
los apóstoles.*

15 Y les dijo: ¡Cuánto he deseado comer con vosotros esta pascua antes que padezca!

16 Porque os digo que no la comeré más, hasta que se cumpla en el reino de Dios.

17 Y habiendo tomado la copa, dio gracias, y dijo: Tomad esto, y repartidlo entre vosotros;

18 porque os digo que no beberé más del fruto de la vid, hasta que el reino de Dios venga.

19 Y tomó el pan y dio gracias, y lo partió y les dio, diciendo: Esto es mi cuerpo, que por vosotros es dado; haced esto en memoria de mí.

20 De igual manera, después que hubo cenado, tomó la copa, diciendo: Esta copa es el nuevo pacto en mi sangre, que por vosotros se derrama.

21 Mas he aquí, la mano del que me entrega está conmigo en la mesa.

22 A la verdad el Hijo del Hombre va, según lo que está determinado; pero ¡ay de aquel hombre por quien es entregado!

23 Entonces ellos comenzaron a discutir entre sí, quién de ellos sería el que había de hacer esto.

28 Pero vosotros sois los que habéis permanecido conmigo en mis pruebas.

29 Yo, pues, os asigno un reino, como mi Padre me lo asignó a mí, 30 para que comáis y bebáis a mi mesa en mi reino, y os sentéis en tronos juzgando a las doce tribus de Israel.

JESÚS ANUNCIA LA NEGACIÓN DE PEDRO

31 Dijo también el Señor: Simón, Simón, he aquí Satanás os ha pedido para zarandearos como a trigo;

32 pero yo he rogado por ti, que tu fe no falte; y tú, una vez vuelto, confirma a tus hermanos.

33 Él le dijo: Señor, dispuesto estoy a ir contigo no solo a la cárcel, sino también a la muerte.

34 Y él le dijo: Pedro, te digo que el gallo no cantará hoy antes que tú niegues tres veces que me conoces.

TENTACIÓN DE JESÚS (MATEO)

4 Entonces Jesús fue llevado por el Espíritu al desierto, para ser tentado por el diablo.

2 Y después de haber ayunado cuarenta días y cuarenta noches, tuvo hambre.

3 Y vino a él el tentador, y le dijo: Si eres Hijo de Dios, di que estas piedras se conviertan en pan.

4 Él respondió y dijo: Escrito está: No solo de pan vivirá el hombre, sino de toda palabra que sale de la boca de Dios.

5 Entonces el diablo le llevó a la santa ciudad, y le puso sobre el pináculo del templo,

6 y le dijo: Si eres Hijo de Dios, échate abajo; porque escrito está: A sus ángeles mandará cerca de ti, y, en sus manos te sostendrán, para que no tropieces con tu pie en piedra.

7 Jesús le dijo: Escrito está también: No tentarás al Señor tu Dios.

Satanás tentando a Jesús

8 Otra vez le llevó el diablo a un monte muy alto, y le mostró todos los reinos del mundo y la gloria de ellos,

9 y le dijo: Todo esto te daré, si postrado me adorares.

10 Entonces Jesús le dijo: Vete, Satanás, porque escrito está: Al Señor tu Dios adorarás, y a él solo servirás.

11 El diablo entonces le dejó; y he aquí vinieron ángeles y le servían.

EL DIABLO, SEGÚN MARCOS

26 Y si Satanás se levanta contra sí mismo, y se divide, no puede permanecer, sino que ha llegado su fin.

LOS DISCÍPULOS RECOGEN ESPIGAS EN EL DÍA DE REPOSO (JESÚS NO RESPETA LAS LEYES JUDÍAS)

23 Aconteció que, al pasar él por los sembrados un día de reposo, sus discípulos, andando, comenzaron a arrancar espigas.

24 Entonces los fariseos le dijeron: Mira, ¿por qué hacen en el día de reposo lo que no es lícito?

25 Pero él les dijo: ¿Nunca leísteis lo que hizo David cuando tuvo necesidad, y sintió hambre, él y los que con él estaban;

26 cómo entró en la casa de Dios, siendo Abiatar sumo sacerdote, y comió los panes de la proposición, de los cuales no es lícito comer sino a los sacerdotes, y aun dio a los que con él estaban?

27 También les dijo: El día de reposo fue hecho por causa del hombre, y no el hombre por causa del día de reposo.

28 Por tanto, el Hijo del Hombre es Señor aun del día de reposo.

Privilegios de ser el hijo del dios supremo de un pueblo, dicen los críticos de Jesús, que goza de impunidad al no respetar lo mandado por su propio padre.

Jesús fue tentado por el diablo tras ser bautizado por Juan el Bautista, y pasar 40 días y 40 noches de ayuno en el desierto de Judea, por lo tanto, algo debilitado de cuerpo y alma, y quizá propicio para ser tentado.

Jesús no se deja tentar por Satanás

Un ayuno de 40 días y 40 noches en pleno desierto de Judea puede ser mortal, afirman expertos, o provocar serias alucinaciones, como las de ver a un Demonio que te ofrece algo de comer y de beber; las tentaciones descritas en el Evangelio tampoco son tantas ni tan apetecibles, sobre todo para una persona que se cree el Hijo de Jehová en la Tierra, sino simples y pueriles, por lo que, incluso famélico y deshidratado, cualquiera podía desdeñarlas.

Por otra parte, Jesús muestra un carácter estoico, no tan humilde como el de Epicteto, pero estoico, al fin y al cabo, lo que hace sospechar de la originalidad del cristianismo en lo que a soportar sufrimiento se refiere, sobre todo cuando se cuenta con la protección de los ángeles que bajan de inmediato una vez que Satanás es rechazado de sus tentaciones.

No es lo mismo ser hijo de un rey que un simple plebeyo.

Hay que tener en cuenta que los cuatro evangelios no son aceptados por la Iglesia hasta el Concilio de

Nicea, casi cuatro siglos después de la era común y del supuesto nacimiento del hijo de Dios, por más que se diga que fueron escritos solo sesenta u ochenta años después de su fallecimiento, con lo que ninguno de los evangelistas conoció a Jesús en persona.

A pesar de todo, y de ser una creación romana y estoica, el pensamiento adjudicado a Jesús de Nazaret dio un vuelco a las creencias religiosas de su época, y aunque no fue realmente reconocido como Dios Hijo hasta el año 1100, tras largas batallas dentro de la Iglesia católica, apostólica y romana, su influencia hasta nuestros días es bastante notoria y en muchos casos positiva.

Por lo que no importa si fue una fábula bien intencionada o simplemente interesada, sino todo un cambio de paradigma, ofreciendo lo que ninguna religión había ofrecido antes: la salvación eterna por el simple hecho de creer en la fábula misma, porque al final el Cristo ofrece su sangre para lavar todos los pecados del mundo, todos y absolutamente todos los pecados de los que creyeran en él, con lo que durante un par de milenios se ha ganado una extensa y fiel clientela.

Ni Satanás tuvo tal capacidad: ofrecer la salvación del alma a cambio de prácticamente nada; una tentación que muy pocos podrían rechazar, y eso, tanto a Jehová como a Satanás, Jesús les ganó la partida.

II
LUCIFER,
EL MÁS HERMOSO DE LOS ÁNGELES

No te fíes de los seres bellos
y atractivos,
porque la mayor de las bellezas
también puede ser maligna.

Lucifer es mencionado por Isaías y por Ezequiel, como caído del Cielo una hermosa mañana por su rebeldía y vencido por el Arcángel Miguel, pero no se parece en nada al Satanás del Libro de Job, ni en carácter ni en aspecto físico, porque mientras Lucifer es condenadamente precioso, de Satanás no se menciona nada al respecto.

Dentro de las supersticiones y los cultos antiguos, la belleza, como la de Lilith o de Lucifer ("el adornado por Jehová y el más hermoso ser de la Creación"), también podía ser fuente de pecado y lujuria, de desorden sexual y del todo amoral.

La belleza es vanidad.

La belleza es soberbia.

La belleza es orgullo.

Lucifer y Lilith, en las tradiciones sumerias y semíticas, representan a la belleza que ilumina el placer, y a las diosas y dioses que deslumbraban con su atractivo sexual y físico, algo que estaba muy lejos de la castidad y la humildad pregonada por los cultos y las religiones, y que podía destruir la contención y la bondad de toda una vida en un solo segundo.

Por otra parte, ser más bello que tu propio creador puede tener consecuencias muy graves, y, si además de bello eres inteligente, poderoso y hasta comprensivo y bondadoso con otras criaturas, peor aún.

Ese era Lucifer, quien, curiosamente, no aparece en la Biblia como uno de los Ángeles Caídos, que son tres:

-**Mefistófeles**. Quien no es un demonio importante en la Biblia, que aprende más en la compañía de los seres humanos que en su lugar de procedencia; pero que a nivel mítico y popular es El Gran Engañador, el que arrastra a las almas al mal para que caigan irremisiblemente en el Infierno. Seguidor o discípulo de Satanás, aunque nadie sabe cuándo, dónde ni por qué, por lo que es más un personaje mítico y literario que un demonio con poderes sobrenaturales, porque, entre otras cosas, lo que utiliza para engañar son las palabras, las falsas promesas y la propia y tonta ambición de los humanos que lo invocan o con los que se encuentra.

Las palabras como gancho para cazar almas

-**Semyazza**, general con 200 Ángeles Vigilantes a su cargo, aparece tanto en la Biblia como en el *Libro de Enoch*, y más que malvado, fue débil y desobediente, negligente y falto de ética y moral divinas, pues sus huestes, en lugar de vigilar el planeta y guiar por el buen camino a los seres humanos, se enamoraron de las humanas y se aparearon con ellas, derramando en espíritu en sus entrañas, de los cuales nacieron monstruos y gigantes, a los que había que aniquilar por su bien, mientras que a los ángeles pecadores se les echaba del Paraíso Celestial arrojándolos a la Tierra, donde perdieron sus poderes y sus alas, según algunos, o hicieron mísera vida de humanos, padeciendo hambre, enfermedades, sufrimientos emocionales y necesidad de trabajar, además de perder la preciada inmortalidad.

En pleno descenso

Semyazza puede seguir entre nosotros, pues a pesar de ser desterrado del Cielo es posible que haya conservado su inmortalidad, y, como muchos otros ángeles caídos, espere al día del Juicio Final para ser perdonado y reintegrado a las tropas celestiales.

Incluso hay quien piensa que ese espíritu derramado en las hembras humanas, malditas desde entonces ante los ojos del Creador, sigue entre nosotros, por lo que algunos millones de seres humanos pueden ser descendientes de los Vigilantes, y ser más importantes para Dios que el mismo Israel, que se encuentra por debajo de cualquier ángel en la jerarquía divina.

-**Azael**, más que un verdadero demonio o engendro del mal, es el macho cabrío sobre el que se depositaban los pecados del pueblo para mandarlo a morir en el desierto, o para hacer un sacrificio con su sangre y así lavar las miserias morales de sus habitantes.

Azael, el Macho Cabrío con el que se limpia
los pecados del pueblo

Algunos lo señalan como precursor de las prácticas y promesas de Cristo en el sentido de ofrecer su sangre, como Azael, para limpiar los pecados de la humanidad; una especie de chivo expiatorio, aunque en el caso de Jesús, con mayor jerarquía que Azael.

Popular y míticamente este ángel caído en desgracia por su mal comportamiento con el Creador, ha tenido mucho éxito en el cómic manga japonés, y en algunas culturas no cristianas, son muchos los jóvenes que llevan este nombre, Azael, que suena bastante bien y parece de lo más original.

No faltan seguidores que lo invoquen matando un carnero, cabra o chivo negro y ofreciéndoselo en holocausto a la piedra y derramando su sangre dentro de un círculo y su pentagrama incluido, sin saber, o desconociendo del todo, que Azael no tiene ningún poder en el planeta Tierra, por lo que ni compra almas ni cumple milagros, pues para eso está Mefistófeles.

En cualquier caso, es un demonio castigado que debe pagar por sus propias culpas ante el Creador, para tener la esperanza de algún eón recuperar su lugar en el Cielo.

EL PECADO DE PORTAR LA LUZ

Lucifer es otra cosa, Lucifer se cuece aparte, y su luz y su poder son tan grandes, que no le tiembla la mano en el momento de igualarse al dios de los judíos o a cualquier otro dios.

Lucifer, sobre todo para sus seguidores, es el portador de la Luz Divina, el que abre la mente de los hombres y de las mujeres, el Arcángel más hermoso de la Creación, más que el bello Krishna, valiente y rebelde, al que no le gusta ni la Jerarquía ni la prepotencia de Dios.

Lucifer no puede ser cómplice de Jehová en sus matanzas ni en sus atropellos, y, sobre todo, en la forma en que trata a la humanidad y a sus "elegidos".

El ángel caído, de Alexandre Cabanel

Es falso que Lucifer haya querido seducir a Moisés, porque Lucifer nada tiene que ver con el Borrego de Oro, ni con Moloch ni con Belcebú, y mucho menos con Satanás, el amigo de Jehová. Lucifer va por libre y no le gusta nada que lo comparen con otros demonios, como no le gustó nada que Jehová privara a Moisés de entrar en Jerusalén, la tierra falsamente prometida, simple y llanamente porque es más antigua que los hebreos, los israelitas y los judíos, lo mismo que Jericó.

Moisés fue bastante torpe, es cierto, pues guio al pueblo hebreo por el desierto durante cuarenta años, cuando pudo cruzar por el delta del Nilo y posarse ante Jerusalén en un par de semanas una vez que abandonó Egipto.

Cruzar el Mar Rojo para llegar a Jerusalén es un contrasentido geográfico en toda la regla, por mucho que lo haya hecho de manera milagrosa para demostrar el poder de su dios y su falta de conocimiento del terreno.

Moisés dejó descendencia y esposa en Eritrea y Etiopía, por lo que sus habitantes se consideran judíos en toda la regla; pero al igual que a Moisés, las otras doce tribus no los quieren en sus tierras.

Dicen que Lucifer se ríe de los argumentos bíblicos, tanto si son falsos como si son históricos y del todo reales, porque son muy malos, o malvados, y les encanta matar a su propia gente: treinta mil de un golpe en el Éxodo por adorar a otro dios, o seis millones en la Segunda Guerra Mundial al respaldar económica y tecnológicamente a Hitler; o a los vecinos, jebuseos entonces y ahora palestinos, destruyendo los hospitales de Gaza, o las murallas de la ciudad ocupada más antigua del mundo, Jericó.

LUCIFER Y PROMETEO

Para algunos, Lucifer es similar a Prometeo, el titán que desafió a Zeus y les entregó el fuego y el conocimiento a los seres humanos, que hasta entonces vivían como animales sin tener consciencia ni de ellos mismos.

Las leyendas semíticas, egipcias, griegas y mesopotámicas tienen muchas cosas en común, y son anteriores a las grandes religiones y sus textos sagrados, con lo que, tanto Lucifer como Prometeo son anteriores a las creencias regladas y obligadas por los reyes y los estados.

Para salvar el "buen" nombre de los dioses autoritarios de la época, a Lucifer lo tildan de ser la encarnación del mal, y a Prometeo simplemente lo condenan a que un buitre, o águila, le devore las entrañas por toda la eternidad.

No cabe duda que Jehová fue mucho más vengativo, aunque menos sádico, que Zeus, pues solo condenó a Lucifer a reinar sobre el mundo como una especie de dios menor, resentido y siempre a su servicio, esperando aunque fuera un parpadeo del divino para volver a la luz del Paraíso Celestial, cosa que niegan rotundamente los luciferinos, que tienen a Lucifer como protector y guardián de la humanidad, un verdadero Dios, y no un demonio, con más bondad, amor y verdadera sabiduría que el famoso Jehová, que al fin y al cabo no es más que el estandarte de un tercio de la humanidad por las malas, la conquista y el colonialismo, nunca por las buenas por más que Cristo haya servido de señuelo y punta de lanza.

La condena de Prometeo

LA REBELIÓN DE LUCIFER

Pero, ¿en qué consistió la rebelión de Lucifer?

La verdad es que no se sabe con exactitud y cada quien tiene su interpretación:

—Por negarse a inclinarse ante Adán cuando fue

creado por Jehová, es decir, por envidia y celos, porque, cómo iba a humillarse un ser divino y elevado como él ante un ser mortal y lleno de defectos. Jehová no pudo soportar el desplante de Lucifer ante su obra, y lo fulminó con un rayo divino mandándolo directamente al Infierno, como hiciera Zeus con los titanes, de donde no podría salir porque Uriel, el Arcángel Descarnado, guardaría celosamente la puerta de entrada y salida al Infierno.

-Por querer igualarse al Creador, viendo que era más hermoso, más joven y más poderoso; es decir, por soberbia, vanidad y orgullo, que fue tanto, que un buen día se atrevió a poner su trono de Príncipe del Universo, junto al trono Divino de Dios, quien al ver tal desacato mandó a Lucifer al mismísimo Infierno en la Tierra, de la que no podría salir so pena de muerte, aunque podría reinar sobre ella y todas sus materias, e incluso sobre los hombres que abandonaran la fe.

-Por no hacer de Ángel de la Guarda del Mesías, a pesar de que era una orden directa de su comandante en jefe, el mismo Jehová, y tal desobediencia a la disciplina castrense de los cielos, le costó a Lucifer perder sus galones y su puesto al lado del Creador, condenado a deambular por la Tierra hasta el Día del Juicio Final tras el Apocalipsis profetizado, en el que Lucifer tendría la oportunidad de redimirse, o de volver a luchar contra los Ejércitos Divinos.

-Por simple jerarquía, según la Cábala, donde el Árbol de la Vida señala que Jehová mismo es un Microprosopus y concebible por el ser humano, con reinado celestial, mientras que el Macroprosopus, inconcebible por el ser humano, estaría más elevado con un reino universal; Lucifer estaría por debajo de Jehová, divino, pero cercano al hombre y con su reino en este planeta.

Arcángel Miguel derrotando a los Ángeles Rebeldes

-Por una guerra desatada en los Cielos, con millones de ángeles en pugna, unos a favor de Lucifer, y otros a favor de Miguel Arcángel, mientras Jehová observaba la feroz guerra desde lejos.

Casi todas las mitologías del orbe hablan de una guerra de los cielos, donde naves voladoras y entidades divinas con armas ruidosas y mortales, combatían unos contra otros. En algunas de esas guerras había hombres, o proto hombres combatiendo al lado de las divinidades, y en otras solo divinidades, mientras parte de la Tierra y sus habitantes, hombres o lo que fueran, eran devastados.

Alguna guerra celestial, aunque no tan bárbara y devastadora, fue anotada en el Renacimiento, 1561, sobre la ciudad alemana de Nuremberg.

Naves en guerra sobre Nuremberg

¿Ángeles contra demonios?

¿Extraterrestres contra intraterrestres?

¿El Infierno contra el Cielo?

¿Amago del Apocalipsis?

Fuera lo que fuera, ¿por qué vinieron a pelearse a la Tierra?

El caso es que fueron vistos y anotados, y sembraron gran pánico entre la población con algunas bajas por efectos colaterales.

Esperemos que eventos como éste no se repitan, que bastante tenemos con nuestros propios conflictos bélicos, que son más satánicos y diabólicos que el mismo Lucifer.

LUCIFER, ¿EL REY DEL MUNDO POR MANDATO DIVINO?

Otra de las teorías literarias y míticas es que Jehová y Lucifer llegaron a un acuerdo, como lo han hecho los gobiernos y las mafias desde el principio de los tiempos, ya que acabar del todo con el mal, las trasgresiones y la marginalidad es imposible en todo sistema jerárquico, y se dividieron los reinos.

Lucifer, el rey de este mundo

Jehová se quedó con el Cielo y el más allá estelar, y Lucifer se quedó con la Tierra y el más allá tormentoso.

De esta manera las almas "buenas" y creyentes se iban al Cielo después de fallecer, y las almas "malas" y creyentes se quedaban vagando por el mundo. Todos a la espera del Apocalipsis y el Día del Juicio Final, cuando los salvos, buenos o malos, ascendería a lo más alto y gozarían de vida eterna, y los no salvos serían destruidos para siempre jamás.

Mientras tanto, Jehová se mantendría apartado del planeta Tierra y Lucifer se mantendría alejado del Cielo, aunque, como buenos socios y contrarios, ninguno de los dos dejaría de hacer proselitismo en el terreno del otro, con espías, publicidad engañosa, pactos oscuros, traiciones continuas y conflictos en los que solo los humanos saldrían finalmente mal parados.

De esta manera Lucifer no trabajaría para Jehová castigando a los malos, como parece, sino que simplemente reclutaría almas para su propio ejército y mantener así su reinado, mientras que Jehová hacía lo mismo para nivelar las fuerzas.

La divina comedia de Dante no sería más que publicidad pagada por ambos bandos, aunque la idea original correspondería a la Iglesia, que era, al fin y al cabo, la criba para diferenciar a los "malos" de los "buenos".

Los marginados de un lado, los privilegiados del otro, cada tropa sirviendo a su Señor como carne de cañón, con la falsa esperanza de al final salir ganando algo, como la eternidad, la salvación o el poder sempiterno.

Todo demasiado humano para ser divino o luciferino.

LILITH, LA MADRE DE LOS DESPROTEGIDOS

También llamada Hécate o Astarté o Ishtar, dependiendo del pueblo que la adorara, desde los sumerios hasta los hebreos pasando por los cananeos, los sirios y los armenios, Lilith es la precedente del mal y de Afrodita, llena de lujuria, rebeldía y deseo.

Cuenta la leyenda que Jehová andaba buscando compañera para su nueva creación genética, Adán, y nada mejor que una hembra poderosa y divina para dar a luz a su deseado Pueblo Elegido, y Anu, el dios sumerio, le ofreció a Lilith, que seguramente por temperamental y pasional, estaría gustosa y contenta de participar en el experimento.

Y así fue.

Lilith se convirtió en la primera esposa de Adán; ella sabía todo lo referente a la vida y el sexo; y él, joven, sano, fuerte e ingenuo; ella independiente y rebelde; y él, sumiso y dependiente. ¿La pareja perfecta?

Obviamente, la relación no podía durar mucho, pues ella se aburriría pronto de él, y él sufriría de inseguridad y de celos frente a ella, incapaz de someterla y hacerla realmente suya, como le aconsejaba Jehová que tampoco era muy ducho en estos temas, y al final y como era de esperar, la cosa salió bastante mal.

Lilith abandonó el Paraíso Terrenal sin pedir permiso abandonando al convencional e inmaduro Adán, dejando a Jehová y hasta a Anu con un palmo de narices.

Por supuesto, Lilith tuvo la peor propaganda de la época, y fue la encarnación del mal desde ese preciso momento, anterior a muchos otros demonios y diablos venideros.

Todo lo malo provenía de ella, desde la putrefacción de los alimentos, hasta la lujuria, la glotonería y el sexo, lo peor de lo peor, los abortos y los malos nacimientos, lo marginal, el robo, la traición y la locura.

A Lilith no le importó, sino todo lo contrario, y se erigió, como diosa que era, en la madre de los demonios, los desarraigados, los desprotegidos, los perseguidos y los marginales, desde los niños abandonados hasta las prostitutas, los locos y los rebeldes, incluidos los monstruos nocturnos, como los íncubos y súcubos, y, por supuesto, los vampiros que tanto terror causaban entre los "buenos".

Lilith no renegaba de sus poderes y se reía de los patriarcas celestiales y humanos, a los que dominaba con la rebeldía y el sexo, sobre todo en la intimidad, aunque lo negaran y lo condenaran en público.

Los poderes de Lilith: la rebeldía y el sexo

Lilith, la encarnación del mal, amada, adorada y temida desde el principio de los tiempos.

SOLO FALTABA EVA

Tras la mala experiencia con la demoniaca Lilith, Jehová recurrió a la ingeniería genética y, del costado del cuerpo de Adán, sacó el material para darle vida a una hembra humana, Eva, la segunda esposa de Adán, que esta vez, siendo sangre de su sangre y cuerpo de su cuerpo, sí debería cumplir con los designios de Jehová para que, cuando estuviera lista y sana y santamente preparada, fuera la madre primordial de su pueblo elegido.

Eva no era rebelde ni lujuriosa, al menos así lo parecía, y aceptó su papel ante Adán y ante Jehová, e incluso acató la única prohibición: "Del fruto del árbol del conocimiento del bien y del mal, no comeréis".

Eva desobediente

¿A quién se le ocurre prohibirle algo a un niño o a una mujer?

Solo a un necio, diría Satanás, que por aquel entonces estaba muy lejos de convertirse en el enemigo eterno de Jehová.

Eva, al fin hembra humana, o mujer, probó del fruto prohibido, y no satisfecha con la trasgresión, aunque sí contenta, sedujo al bueno de Adán para que la mordiera, a ella y al fruto prohibido.

Cuando Jehová, que está en todos lados y todo lo ve, menos lo importante, se enteró de la desobediencia, ni tardo ni perezoso se presentó ante ellos, los regañó, los echó del Paraíso Terrenal y los maldijo:

"Ganarás el pan con el sudor de tu frente" (y no con el de enfrente, como hacen muchos del pueblo elegido), le dijo a Adán que hasta entonces no había hecho más esfuerzo que abrir los ojos y estirarse al despertar, y que aceptó en silencio la condena porque no se enteraba de nada.

"Parirás con dolor y cada mes sangrarás", le dijo a Eva, que sí se defendió echándole la culpa a un pobre reptil que pasaba por ahí.

"Y tú", le dijo Jehová al pobre reptil, "te arrastrarás sobre tu vientre", que ya lo hacía porque al fin y al cabo era una serpiente.

Eva se quedó sin alma y con un pésimo diseño de reproducción para dar a luz a por lo menos siete o nueve hijos (según la fuente), entre ellos tres varones, Caín, Abel y Set, de las mujeres, como desde entonces carecieron de alma a los ojos del Señor y solo servían para parir y para el desfogue el hombre (que a cambio tenía que mantenerlas), su nombre no se menciona.

Adán, Eva e hijos

Para los antropólogos esta sería una metáfora del fin del matriarcado, donde las astutas mujeres eran la voz de mando, para dar paso al patriarcado, donde los hombres, siempre ingenuos y laboriosos proveedores, fingen que mandan sobre los demás, aunque siempre obedecen a una mujer, su madre o su esposa.

Como una sola pareja no hace pueblo, Jehová mandó a Caín a gobernar Edom, como premio por haber matado al débil Abel, un pueblo cercano al Paraíso Terrenal, para que tomara mujer e hinchara la Tierra con su descendencia.

De Set no se sabe nada más, solo que su nombre como Zet o Zeth, ha sido muy popular desde entonces, aunque hay algunos que insinúan que conoció a sus cuatro hermanas y de ellas tuvo abundante descendencia, teniendo en cuenta que el incesto por aquellas fechas no era pecado ni estaba mal visto por nadie, incluso si el mismo Adán, como Noé en su momento, también hubiera conocido a sus hijas, al fin y al cabo el sexo estaba prohibido y restringido solo para las mujeres y los homosexuales, por aquello de la sodomía y el adulterio, pero los hombres no tenían que obedecer otra cosa que evitar derramar el semen en tierra, como hacían algunos pueblos salvajes y demoniacos creyendo que así fertilizaban sus cultivos.

De una o de otra manera desde hace unos ocho o nueve mil años las mujeres, hijas de Lilith y de Eva, son seres distintos a los hombres, sin alma, lujuriosas, traicioneras, pérfidas, brujas, rebeldes, mentirosas, aprovechadas, que deben estar tapadas, apartadas y recluidas en casa, para servir al hombre y hacerse cargo de las crías, porque de otra manera, si se las deja libres y a su aire, no hacen otra cosa que pecar y diseminar las semillas del mal por todas partes.

MUJERES, PROBLEMAS

En el catolicismo hasta 1956 y gracias al Papa

Juan XXIII, las mujeres empezaron a tener alma; y en el islam, hasta el 2022, algunas tribus empezaron a considerarlas personas casi con alma.

En Occidente hacen su lucha de emancipación e igualdad algunas de ellas, y, equivocadas o no, merecen un respeto.

El voto, del que carecían en Roma a pesar de ser ciudadanas con todos los derechos legales, hasta que el catolicismo les privó de ellos, era la única diferencia. De hecho, el voto tampoco se le ha dado nunca a todos los hombres nacidos biológicamente machos, solo a los ciudadanos en la Grecia antigua y en la USA moderna, e incluso en la Asamblea francesa; y hasta del siglo XIX y ya bien entrado el siglo XX en muchas otras partes del mundo en donde se presume de una democracia en la que puedes votar, pero no elegir a quienes han de ser votados, pues el esquema que se sigue es el de toda la vida, es decir, de "buenos" y "malos" de manera jerárquica y antagónica, teocrática y cuasi divina, donde solo hay dos posibilidades que siempre ganan aunque pierdan: Jehová o Lucifer, con sus seguidores, desde fanáticos desvelados, hasta intelectuales orgánicos, cuando no carne de cañón prescindible y sin importancia, pero que votan, trabajan (maldición divina) y pagan aunque sean infinitamente más pobres que los que mandan: pura caridad cristiana.

III
LUZBEL,
EL LUCERO DE LA MAÑANA,
Y OTROS DEMONIOS

*Mi Dios
es tu Demonio,
y mi Demonio
es tu Dios,
pero puede haber amor
entre los dos.*
PROVERBIO GNÓSTICO

Luzbel, la Estrella del Amanecer en su versión masculina, y del Atardecer en su versión femenina, o Venus, para más señas.

Una de las razones para ver en Venus el mal en la antigüedad, fueron sin duda las enfermedades venéreas, como señala Marvin Harris, y por la misma ecología de salud física, los camarones y la carne de cerdo estuvieron prohibidas, maldecidas y muy mal vistas en diversos grupos humanos del Medio Oriente y de la Cuenca Mediterránea.

La sodomía, una de las fuentes de contagios más extendida a lo largo de la historia, fue prohibida por razones similares, al tiempo que obligaba a las mujeres a tener hijos o a abortar, dos peligros de muerte en los anales de la medicina hasta hace muy poco tiempo.

Luzbel solo se menciona una vez en la Biblia como tal por Isaías, pero no en referencia al demonio, diablo, Lucifer o Satanás, sino señalando al rey de Babilonia por el dominio que tiene sobre Judea.

Por otra parte, y en la mitología judeocristiana, a Luzbel se le confunde o se le asocia con Lucifer y con Satanás, señalando que Luzbel era uno de los hermosos ángeles preferidos del Señor, y que se convierte, por vanidad, en Satanás (el contrario o el enemigo), pero no en el Satanás del Libro de Job, y tampoco en el Lucifer rebelde y revolucionario que reta al Creador y termina derrotado por el Arcángel Miguel.

"La encarnación del mal puede tener varios nombres para engañarnos", dicen los curas y los pastores en misa, para saldar así de un plumazo las diferencias cronológicas y literarias de los demonios, y quedarse con un solo Diablo opuesto a un solo Dios.

La "confusión" con Luzbel va un poco más allá, pues hay quien lo pinta andrógino, es decir, con los sexos masculino y femenino en un mismo cuerpo, por lo que algunos grupos LGTBIQ+ lo han adoptado como símbolo, incluso algunos que se autodenominan cristianos, porque esperan la salvación a pesar de que ni el Demonio ni Dios parece tenerles demasiada simpatía.

En la actualidad el judaísmo y el islamismo prohíben tanto la homosexualidad y el comer ciertos alimentos, a pesar de los adelantos en materia de salud, porque suponen que tienen demonios dentro, malos espíritus que enferman al cuerpo, e inclinan al mal a la mente y al alma.

El cristianismo y el catolicismo parecen ser un poco más tolerantes, pues cuentan con un carnaval para permitir ciertas trasgresiones, y solo con unos días al año con restricciones para comer carne, y aunque Jehová fue muy claro al exterminar a Sodoma y Gomorra por sus prácticas sodomitas y homosexuales, medio toleran a las comunidades LGTBIQ+, pero sin prometerles la salvación por sus pecados, ni siquiera por el lavado sanguíneo que hace de ellos Cristo.

EL SEXO DE LOS ÁNGELES Y LOS DEMONIOS

Lucifer es claramente viril y masculino.

Los Ángeles Vigilantes eran claramente viriles y masculinos.

Satanás era claramente como Jehová, macho por los cuatro costados.

Solo Luzbel, lucero de la mañana o del atardecer, parece algo femenino o andrógino; hasta el Mesías ha sido tachado de relacionarse más con hombres que con mujeres.

Muchos ángeles y demonios son homosociales, pero no homosexuales.

Algunos no tienen un sexo definido, pero son más asexuales que otra cosa.

Casi nunca se habla de ángeles del todo femeninos, aunque puede haberlos con toda seguridad.

Algunos ángeles son hermosos y masculinos, pero tienen voces angelicales y femeninas (lo sé por experiencia propia).

Sin embargo, entre los demonios sí hay diablesas y diosas del mal, del todo femeninas y sexualmente activas, pero no hay constancia de lesbianismo entre las mismas.

Las Musas griegas son una especie de diosas de la inspiración en las ciencias y en las artes, esposas de Apolo y enamoradas de uno que otro mortal, como Orfeo, pero sin claras tendencias sexuales hacia otras mujeres.

La poetisa Safo si hace clara referencia al amor físico entre mujeres en la Isla de Lesbos, pero no es una diosa, musa o diablesa, sino una simple mortal.

Íncubos (los masculinos) y Súcubos (los femeninos) son demonios del todo sexuales, e incitan a la lujuria a ambos sexos y a todas posibilidades entre las diferentes opciones sexuales, con o sin identidad sociocultural, sobre todo cuando los castos y sacrosantos seres humanos están dormidos, conminándolos al mal y empujándolos de esta placentera, aunque prohibida, manera.

Tener relaciones con una Súcubo podía traer consigo infecciones o enfermedades venéreas, pero si un bebé nacía con deformidades, enfermo o incompleto, se decía que era debido a haber tenido relaciones sexuales con un Incubo, cuya simiente era, obviamente, diabólica.

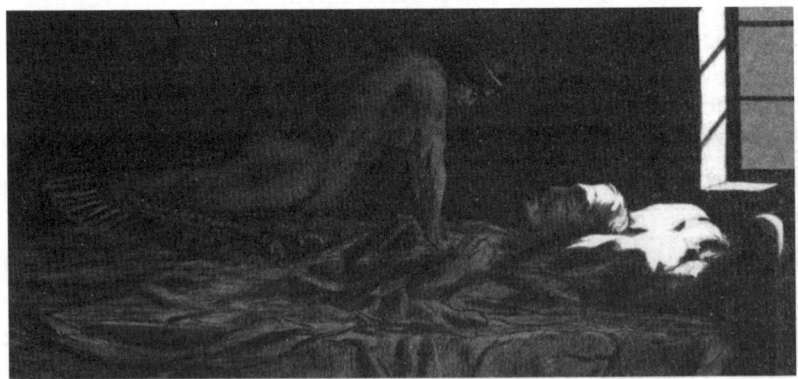

Súcubo en acción

Muchas de las relaciones oníricas con Íncubos y Súcubos no eran más que efluvios nocturnos o masturbaciones, y muy puntuales en la adolescencia o en la senectud, más propias de mujeres que de hombres; pero algunas se convertían en verdaderos romances duraderos que acababan consumiendo al ser humano que las practicara.

Algo similar pasaba con tener relaciones sexuales con Lilith, pues era tan lujuriosa y exigente, que podía absorber la vida de un hombre grande y viril en una sola noche.

Íncubo en acción

Por lo que respecta a Jehová, si bien siempre se mostraba más allá del sexo y sus relaciones, parece haber quedado resentido con alguna diosa, diablesa o hembra humana, pues con cierta frecuencia trataba de ramera a una persona, ciudad o cosa, como a Jerusalén, que quizá le recordaba desdichas o traiciones amorosas del pasado, además de confesar que era un dios especialmente celoso; quizá por eso manda al Arcángel Gabriel a cubrir a María en lugar de hacerlo Él mismo, con lo que al final quizás fue más tío que padre del Mesías, como bromean algunos judíos, porque el padrastro era José en toda la regla.

Con todo, la sexualidad bíblica era mucho más abierta que la sexualidad pacata que quiso imponer la Iglesia católica, la protestante, la ortodoxa y el islam, donde el sexo no debía hacerse con pasión y mucho menos con lujuria, solo dentro del matrimonio, con una sola pareja y fines reproductivos, porque cualquier otra forma de sexualidad era cosa del Diablo y pecado mortal, y no por el sexo, sino por el deseo y la lujuria.

Luzbel y la culpa

Los seres humanos no son los únicos animales con pudores y sentimientos de culpabilidad, es decir, con cierta conciencia entre el bien y el mal más esenciales y primitivos, o instintivos como se decía antes, pues saben cuándo han hecho una travesura, algo prohibido por la comunidad o han desobedecido una orden; así como tener la capacidad de rechazar algo raro, diferente, que no les gusta o que les incomoda, desde una cuestión baladí hasta una relación sexual, y se sienten culpables cuando han sido pillados en falta incluso si los dañados han sido ellos.

La víctima se siente muchas veces culpable del mal que le han hecho, ya sea por haber cedido o incluso por haber estado en el lugar y en el momento propicios para sufrir la agresión o el daño.

El Diablo propone, dice el dicho, pero la mujer dispone, así que incluso si la falta cometida o el daño sufrido son provocados por una entidad maligna, como el Diablo, la culpa es de la persona por haberle prestado oídos, y no del Diablo, pues su función primordial es ser malvado y empujar a las almas al abismo.

El Demonio aconseja, pero el ser humano es el que actúa, ya sea por interés, por miedo, por cobardía, por coacción o por sacar provecho.

Luzbel, como tantos otros demonios, puede ser un

gran provocador, pero no es su culpa si tú caes en sus provocaciones.

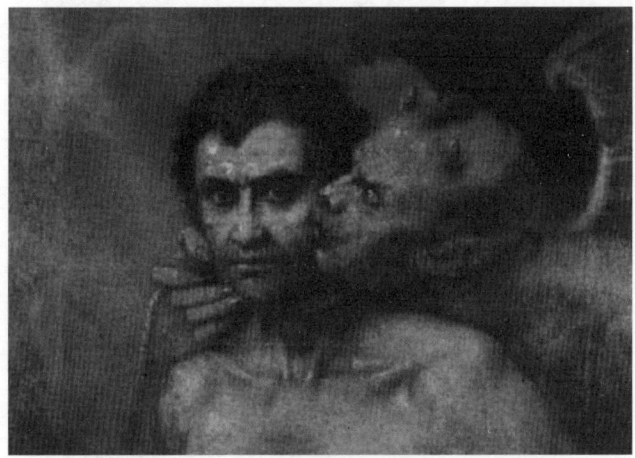

Consejos de Luzbel

Es cierto que hay personas menos aprensivas que otras, pero la culpa puede llevar a cualquiera sufrir, arrepentirse, confesarse, angustiarse o deprimirse, sintiéndose en claro pecado o fuera de lugar, con el temor a ser descubiertas, mal miradas, criticadas, perseguidas, señaladas, desacreditadas o rechazadas por el estigma de la culpa por el pecado cometido directa o indirectamente, ya que de lo contrario las podrían considerar cínicas y desaprensivas, a menos que un ser superior las perdone y lave sus culpas.

La culpa pesa.

La culpa daña.

La culpa hiere.

La culpa es tan odiosa que se la damos con gusto a un demonio, a un dios o a otra persona.

La culpa, olvidada muchas veces, puede aparecer una noche cualquiera y causar insomnio y pesadillas, pues casi todos sabemos muy dentro nuestro qué hemos hecho, y el remordimiento y la culpa pueden aparecer en cualquier momento por más que digamos que no nos arrepentimos de nada.

Quien conoce tus más escondidos y "sucios" secretos, te puede manipular o coaccionar emocionalmente con toda facilidad y sacar provecho de ello.

Holocausto: carne asada para los dioses

Ese es uno de los grandes aciertos de la religión católica, asegurar que puede lavar las culpas y los pecados ajenos, y así enderezar el camino hacia el Cielo, tras un justo diezmo, por supuesto, o una jugosa herencia, porque se adelantaron casi dos milenios a la psicología mundana, y eso tiene un precio.

No importa el nombre del demonio ni la magnitud del pecado, lo que importa es poder comprar la salvación, y si puede ser con un par de monedas y tres ave María, mejor que mejor, y no como antes, que al dios o al demonio en turno había que sacrificarle y ofrecer en holocausto una vaca, una cabra o a un primogénito, como al mismo Jehová, aunque Isaac se salvó cuando Abraham fue detenido por los ángeles anónimos.

MOLOCH

Más que un demonio, Moloch era uno de tantos dioses semíticos, a los cuales sus fieles les sacrificaban, además del ganado convencional, a sus propios hijos, una práctica muy extendida y simbólica en la región, que los hebreos dejaron de seguir para empezarla a criticar, pero no por el bien de los niños sacrificados, sino para poner a Jehová, su dios, por encima de otros dioses.

Matar al primogénito se llevó incluso en Egipto, a decir de la Biblia, así como entre los filisteos y los cananeos, como lo hizo Herodes supuestamente para evitar la profecía de la llegada de un nuevo rey a sus dominios.

Antropológicamente esta práctica, además de extendida, tenía una función social de evitar que el primogénito tomara el mando derrotando a su padre; y otra función caníbal donde el niño era devorado por sus familiares, ya que los dioses jamás bajaban ni a presenciar el holocausto ni al banquete posterior, con lo que el alma fértil del pueblo volvía a él para mejorar las cosechas y los nacimientos del ganado.

Normalmente se sacrificaba solo a uno de los hijos, el primogénito, siendo apenas un rollizo bebé, lo que garantizaba la vida de sus hermanos y mantenía controlado el crecimiento demográfico de la población, que no debía ser mucho ni poco, sino el necesario.

También se sacrificaba, o se expulsaba del grupo o de la tribu, a aquellos niños que sobraban porque no tenían con quien casarse, no lograban convertirse en hombres, o estaban tarados o enfermos. Toda una crueldad para nuestros días, pero que a menudo se hacían por el bien de la comunidad.

Moloch recibiendo el sacrificio

Hasta hace muy poco en África se practicaban los mismos rituales.

Moloch aparece tanto en la Tora (Biblia Hebrea), como en la Biblia Católica, pero en ambas su presencia es indispensable para apuntalar su propia religión en contra de las prácticas salvajes de sus competidores:

Levítico 18.21 (versión de Reina Valera 1960)
Dirás asimismo a los hijos de Israel: Cualquier varón de los hijos de Israel, o de los extranjeros que moran en Israel, que ofreciere alguno de sus hijos a Moloch, de seguro morirá; el pueblo de la tierra lo apedreará.

Levítico 20, 2-5 (Reina Valera 1960)
Antes anduvo Acaz en el camino de los reyes de Is-

rael, y aun hizo pasar por fuego a su hijo, según las prácticas abominables de las naciones que Jehová echó de delante de los hijos de Israel.

2 Reyes 16.3 (Reina Valera 1960)
No harás así a Jehová tu Dios; porque toda cosa abominable que Jehová aborrece, hicieron ellos a sus dioses; pues aún a sus hijos y a sus hijas quemaban en el fuego a sus dioses.

Deuteronomio 12.31 (Reina Valera 1960)
Asimismo profanó a Tofet, que está en el valle del hijo de Hinom, para que ninguno pasase su hijo o su hija por fuego a Moloch.

2 Reyes 23.10 (Reina Valera 1960)
Y han edificado los lugares altos de Tofet, que está en el valle del hijo de Hinom, para quemar al fuego a sus hijos y a sus hijas, cosa que yo no les mandé, ni subió en mi corazón. Por tanto, he aquí vendrán días, ha dicho Jehová, en que no se diga más, Tofet, ni valle del hijo de Hinom, sino Valle de la Matanza; y serán enterrados en Tofet, por no haber lugar.

Jeremías 7, 31-32 (Reina Valera 1960)
Y edificaron lugares altos a Baal (Moloch), para quemar con fuego a sus hijos en holocaustos al mismo Baal; cosa que no les mandé, ni hablé, ni me vino al pensamiento. Por tanto, he aquí vienen días, dice Jehová, que este lugar no se llamará más Tofet, ni valle del hijo de Hinom, sino Valle de la Matanza.

Jeremías 19, 5-6 (Reina Valera 1960)
Los lugares altos son lugares sagrados en la religión cananea e israelita primitiva, un eco del cual se encuentra en el episodio del sacrificio de Isaac.

En Levítico de la Tora:

Y no des hijo tuyo para ofrecerlo por fuego a Moloch; no contamines así el nombre de tu Dios. Yo, Jehová.

Un buen pretexto para atacar a los cananeos y pasarlos a ellos, a sus mujeres y a sus hijos, por la espada, e imponer la sacrosanta religión de su dios, Jehová, a quienes se salvaran.

Por supuesto, para los cananeos el verdadero demonio a combatir era Jehová, que era capaz de matar a los suyos con tal de que se cumpliera su voluntad, pero no progresaron lo suficiente para lograrlo.

Baal

San Cipriano dice que Baal es el lugar teniente de Lucífugo Rofocale, o Lucifer, y que comanda 72 legiones de demonios, una visión muy romana de este demonio que además aparece en la Biblia como émulo de Moloch.

Moloc, sin hache, puede ser más un adjetivo que un nombre propio, según los expertos en lenguas griegas y arameas, como maldito, enemigo, déspota o similares, por lo que muchos demonios del Antiguo Testamento reciben dicho epíteto, como el propio Baal, que pide sacrificios humanos en su honor, o de animales cuando es invocado y se implora su protección.

Sello mágico de Baal

La mitología popular, más que la escrita, le tiene como un poderoso demonio capaz de hacer tratos con los humanos para conseguirles lo que deseen, lo que lo coloca cerca de los genios árabes que cumplían tres deseos, como las cabezas de Baal, sometido por el rey Salomón, y no por Satanás, que no hacía el mal específicamente a menos que quien lo invocara se lo pidiera, por lo que la responsabilidad de la maldad quedaba a cargo del peticionario.

Uno de sus mayores logros era conceder la invisibilidad a quien lo invocara, además de abrir la mente y dotar de astucia e inteligencia, para que los deseos pedidos tuvieran más consistencia y no se quedaran en simples caprichos.

Como demonio astrológico, era más poderoso en octubre y bajo el signo de Libra regido por Venus, que en cualquier otro mes, por lo que algunos esperaban a esas fechas para llamarle y pedirle milagros.

Aspecto de Baal

BELIAL

Rebelde entre los rebeldes, Belial es Príncipe del Infierno, no menor a Lucifer ni a Satanás, para algunos un dios primigenio más que un demonio, amante de la libertad y en algunas ocasiones de Lilith, y contrario a Jehová, Anu y Enkil, pues no le gusta depender de nada ni de nadie.

La Biblia lo recoge en el Libro de Samuel:

SAMUEL 2:12-26

Los hijos de Elí eran hombres impíos como hijos de Belial, y no tenían conocimiento de Jehová. Y era costumbre de los sacerdotes con el pueblo, que cuando alguno ofrecía sacrificio, venía el criado del sacerdote mientras se cocía la carne, trayendo en su mano un garfio de tres dientes, y lo metía en el perol, en la olla, en el caldero o en la marmita; y todo lo que sacaba el garfio, el sacerdote lo tomaba para sí. De esta manera hacían con todo israelita que venía a Silo. Asimismo, antes de quemar la grosura, venía el criado del sacerdote, y decía al que sacrificaba: Da carne que asar para el sacerdote; porque no tomará de ti carne cocida, sino cruda. Y si el hombre le respondía: Quemen la grosura primero, y después toma tanto como quieras; él respondía: No, sino dámela ahora mismo; de otra manera yo la tomaré por la fuerza. Era, pues, muy grande delante de Jehová el pecado de los jóvenes; porque los hombres menospreciaban las ofrendas de Jehová. Y el joven Samuel ministraba en la presencia de Jehová, vestido de un efod de lino. Y le hacía su madre una túnica pequeña y se la traía cada año, cuando subía con su marido para ofrecer el sacrificio acostumbrado. Y Elí bendijo a Elcana y a su mujer, diciendo: Jehová te dé hijos de esta mujer en lugar del que pidió a Jehová. Y se volvieron a su casa. Y visitó Jehová a Ana, y ella concibió, y dio a luz tres hijos y dos hijas. Y el joven Samuel crecía delante de Jehová. Pero Elí era muy viejo; y oía de todo lo que sus hijos hacían con todo Israel, y cómo dormían con las mujeres que velaban a la puerta del tabernáculo de reunión. Y les dijo: ¿Por qué hacéis cosas semejantes? Porque yo oigo de todo este pueblo vuestros malos procederes. No, hijos míos, porque no es buena fama la que yo oigo; pues hacéis pecar al pueblo de Jehová. Si pecare el hombre contra el hombre, los jueces le juzgarán; mas si alguno pecare contra Jehová, ¿quién rogará por él? Pero ellos no oyeron la voz de su padre, porque Jehová había resuelto hacerlos morir. Y el joven Samuel iba creciendo, y era acepto delante de Jehová y delante de los hombres.

Algunos estudioses ven este pasaje, además de la presencia de Belial que ignora el poder de Jehová, junto con la sumisión de Samuel, una sexualidad abusiva y desordenada por parte del Señor al hacerle tres hijos y dos hijas a Ana, mientras que otros defienden su castidad y lo señalan como médico milagroso especializado en fertilidad, y nada más, que le hace el milagro a Ana de quedar embarazada para demostrar su superioridad sobre Belial, quien solo trae la muerte a los hermanos de Samuel, pues el deseo de Jehová es ejecutarlos por no ser sus fieles devotos y ser seguidores de su contrincante, Belial.

Si no creías en Belial, no pasaba nada, pues Belial respetaba la libertad ajena; mientras que Jehová no soportaba el albedrío ajeno.

Una de las razones de la ausencia de Belial (y de otros ángeles caídos) en el Cielo y bajo la égida de Jehová, fue precisamente el albedrío o libertad que él mismo les había dado: "Eres libre de ser y de hacer lo que quieras, siempre que no me desobedezcas y cumplas con mis leyes", palabra del Señor.

Pero Belial no aceptaba ni dádivas ni cortapisas, pecaba de orgullo y de soberbia, ni de Jehová ni de otros dioses o demonios, y prefería mantenerse aparte e independiente, decidiendo por sí mismo y sin obedecer a nada ni a nadie. Incluso hacer de líder o señor de dioses, demonios y hombres, no era de su completo agrado.

La desobediencia, prima hermana de la libertad que se asume a pesar de las amenazas o terribles consecuencias, es el peor de los pecados ante un jerarca que espera, quizá ingenuamente, que todo el mundo le obedezca, y Belial fue especialmente desobediente, arrastrando a sus seguidores a serlo también, y buscar la independencia y la responsabilidad de los propios actos, en lugar de esperar premios o castigos divinos por el buen o mal comportamiento.

Belial, señor de dioses, hombres y demonios

ASTAROTH

Demonio o diosa de la suerte y la fortuna, y pareja de Baal, para unos, o de los vicios y las dependencias, para otros, Astaroth (la "h" final sirve para sellar y proteger el nombre de los ángeles como letra inicial y final de Jehová: IHVH), que una vez fue divina, uno de los pocos ángeles femeninos que se conocen, pasó a ser una entidad demoniaca de sexualidad exacerbada, pasional y sin medida, que incita a los hombres a pecar realizando sus más bajas pasiones.

Su nombre primigenio era Astarté, diosa de las cosechas y de la fertilidad femenina, emparejada con Baal en sus épocas de dios de la virilidad y la fertilidad masculina, por lo que en pareja y en conjunto eran los dioses de la abundancia, sin ninguna maldad demoniaca que los opacara.

Astaroth fue adorada en Mesopotamia, Egipto, Canaán y buena parte de Israel, entre otros pueblos semíticos, pero con la llegada del judaísmo fue relegada a segundo plano, primero, y rebajada a demonio terrible, finalmente.

Los cananeos, vecinos de los israelitas, como buenos politeístas sufrieron los embates ideológicos y fanáticos de los judíos durante siglos, como los sufren los palestinos de hoy en día.

Astaroth, dios/demonio de la suerte

De ser diosa de la fecundidad y la abundancia, o de la buena fortuna, pasó a ser demonio de la mala suerte, pero aun así hay quién la busca y le rinde culto en espera de que la diosa/demonio le traiga buena suerte.

Popularmente, sin embargo, incluso se desconoce su sexualidad, y para algunos es un terrible demonio masculino con toda la barba, para otros un demonio tentador y algo femenino, sin faltar los que le ven como un ser andrógino o de identidad sexual indefinida, cuando inicialmente era una simple deidad campesina, casada con otro dios (Baal), maternal y cuidadora de la familia y del hogar, que fue desacreditada por los seguidores de la Tora y de la Biblia Católica

Ser dios de otro pueblo fue un mal negocio en la antigüedad, porque el pueblo vecino lo convertía de inmediato en demonio.

ASMODEO

El demonio de la seducción y mata maridos, celoso, tramposo y embustero, pero enamorado, pues según los textos sagrados:

Tobías 3:8
Y es que Sara había sido dada siete veces en matrimonio, pero un malvado demonio llamado Asmodeo había matado a sus siete maridos antes de haber tenido relaciones con ella. Por eso, la criada le decía:
— ¡Tú eres quien matas a tus maridos! Te has casado con siete hombres y no llevas el apellido de ninguno de ellos.

En versiones populares, aunque no tenga nada qué ver con lo bíblico, se dice que por fin el patriarca Abraham tomó a Sara bajo su manto como octavo marido, y, protegido de Jehová como lo era, se salvó de ser asesinado por el celoso Asmodeo, quien estaba enamorado ilícitamente de Sara.

Sara era estéril, pues no tuvo descendencia con ninguno de sus maridos, por lo que Abraham conoció a su sirvienta, Agar, con la que tuvo a Ismael (padre del islam), hasta que Jehová le hizo el milagro y Sara tuvo a Isaac bien pasados sus noventa años de edad.

Entonces el justo y bueno de Abraham, echó a Agar con todo e hijo al desierto, y favoreció a Sara y a Isaac.

Jehová, que por aquel entonces era todavía bastante moloc, le pidió a Abraham que le sacrificara a Isaac, su primogénito, para probar su adoración.

Abraham obedeció, pero un par de ángeles (menos brutos que Jehová) lo impidieron, y no faltó quien le echara la culpa de todo aquello a Asmodeo.

Con el tiempo Asmodeo pasó a ser el demonio de los excesos y de lujuria, sin que haya demostrado méritos para serlo.

Asmodeo aparece como cómplice de Satanás o de Lucifer tentando a Eva para que comiera del fruto prohibido del árbol del conocimiento del bien y del mal; y también como una presencia maligna a la que se puede ahuyentar con fritura de pescado, como aconseja el Arcángel Rafael a Tobías para que se libre de él, por lo que se le asocia con las plagas y las pestes.

Sello de Asmodeo

De hecho, Asmodeo no es un demonio del todo maligno en el Talmud Hebreo, donde, como en las *Mil y una noches*, no es más que un genio travieso al que Salomón atrapa y obliga a construir el Templo de Jerusalén, y se hacen amigos, tanto, que Salomón se intercambia con él y lo deja reinar varios años, descansando así de las responsabilidades de gobierno.

Por supuesto, y como muchos hombres y demonios, se cuenta que fue amante de Lilith, y de muchas de las esposas de Salomón, por lo que a menudo se utiliza su sello en los amarres de amor, o en los de fertilidad, pues como buen eterno enamorado del sexo femenino (aunque poco atractivo), tuvo miles de descendientes que hoy en día llevan su sangre demoniaca o divina.

Asmodeo, nada hermoso, pero enamorado

Asmodeo no era bello, pero sí astuto y capaz de convencer con la palabra a hombres y, sobre todo, mujeres, aprovechándose de la vanidad ajena.

SAMAEL

El veneno de dios, ceguera de dios, señor de las serpientes, ángel y demonio de los nacimientos, malvado y terrible, pero a la vez bondadoso y sensible, que estuvo presente en la creación de Adán y en el esposamiento con Lilith, primero, y luego con Eva.

Compañero de los dioses, como Jehová, su misión no era la más agradable del Universo, pues además de otras funciones, se le considera el Ángel de la Muerte, tanto porque la avisa, como porque puede causarla con el simple toque o roce de su dedo meñique.

Samael, el Ángel de la Muerte

Samael es mucho más viejo que la Biblia y que las tradiciones abrahámicas, ya que en otros mitos y religiones de Medio Oriente tiene un lugar entre los antiguos dioses, con poderes ilimitados y seguido por otros ángeles o demonios, que a menudo hacían de abogado del diablo y ponían en duda muchas de las enseñanzas que parecían buenas, pero que en el fondo eran malintencionadas o interesadas, por eso a sus seguidores a menudo se les llama los satanes, es decir, los que critican y le llevan la contraria a los jerarcas y a los dioses.

Samael, junto a Lilith, cuida de los niños abandonados, maltratados o nacidos en desgracia, y prefiere la compañía de los "malos" sinceros, a la de los "buenos" hipócritas.

Samael es sabio y protector, pero no alarga la vida de nadie y llega siempre en el momento preciso.

Por supuesto, para los hebreos no es nada bueno que un ángel sea así, pues puede contravenir las órdenes de su Señor Dios, que a veces condena y otras veces condona; por eso lo sitúan (según Enoch) entre los Ángeles Vigilantes que copularon con las humanas, aunque nunca se dice que él haya copulado con humana alguna, ni que incitara a los otros a hacerlo, pero estaba ahí y no lo evitó, porque no era su función, y con ello era suficiente para condenarlo.

Ya se sabe, se puede pecar de acto, pensamiento u omisión.

Samael tiene una larga presencia en las tradiciones semíticas, mitricas y medio orientales, y ha sido desde rey de los malvados, hasta el que incitó a Eva a comer del fruto prohibido; el que despreció a Adán, junto con Satanás y Lucifer; el que acusó a Isaías de traidor ante el rey Manases; el que envidió la suerte de los hombres al ser protegidos del Señor; el que odió al Mesías desde mucho antes de su aparición; el amante y esposo de la demoniaca Lilith; y hasta el verdadero padre de Caín, ya sea seduciendo o engañando a Eva, y cargándole el hijo al bueno de Adán, que lanzado fuera del Paraíso seguía siendo un buen hombre.

Samael, el tentador de Eva

También hay leyendas en donde Jehová es el verdadero padre de Caín, y que por eso lo perdonó cuando mató a Abel, que sí era hijo de Adán, con lo que Eva no era mucho mejor que Lilith en cuestiones de fidelidad matrimonial, y Jehová tenía algo de Júpiter, o de Zeus, que al fin y al cabo es el mismo para algunos estudiosos del tema.

Por desgracia, hay quienes invocan a Samael como Ángel de la Muerte para que acabe con sus enemigos, por lo que a menudo los seres humanos son peores y más malvados que los demonios.

BAPHOMET

Baphomet ni siquiera es un demonio, tampoco un ángel, al menos no en la literatura judeocristiana, y tampoco aparece en la semítica, pues su nombre y figura no aparece hasta los Templarios, primero, y con los Cátaros, después, que es donde nace la leyenda de que es una especie de anticristo afrancesado, promotor del mal y consejero con aviesas intenciones, pues todo aquel que sigue sus consejos, que pueden parecer inteligentes o sabios, salen perjudicados en sus vidas y haciendas.

El Gobierno en la Sombra de Baphomet

Como buena imagen diabólica aparecida en el Medievo, es lo más parecido al Diablo de las películas modernas, con cuernos, cola y aspecto maléfico, a veces como cabra negra parada, solo con patas de cabra como los sátiros, o con tres caras mirando hacia varios lados, y otras como un elegante y seductor ser humano algo maduro, siempre amable y sonriente.

Baphomet es el Señor del Gobierno en las sombras, según algunas leyendas, que es lo que pretendían los Cátaros y los Templarios, y por lo cual fueron masacrados: imitar a Baphomet a veces es una muy mala idea.

La idea no es nueva, ya que independientemente de las distintas religiones y gobiernos, e incluso mafias criminales poderosas, el intento de crear una élite que gobierna al mundo desde un seguro escondite, es añeja en buena parte del mundo, pues ofrece la ventaja de mandar sin dar la cara y sin arriesgarse a envidias, robos, asaltos, venganzas o asesinatos; este gobierno en las sombras ha sido adjudicado al mismo Satanás, que hacía de Jehová lo que quería (o viceversa), a hermandades de todos los tipos y oficios, a los hombres más poderosos y ricos que en el mundo de todos los tiempos, y hasta a curiosas sectas de todos los colores y sabores, como los masones, los templarios, los rosacruces, los iluminados y hasta La Hermandad Blanca del Tíbet, por mencionar solo a algunas de ellas.

Cada quien hace su lucha por tener el poder del planeta, pero como Señor del Gobierno en las Sombras, Baphomet es en realidad el que decide quién triunfa y quién fracasa en este mundo donde todo es superficial y pasajero, él da la fama y él la quita; él señala a los ganadores de los premios más importantes en artes y ciencias, pero él también los defenestra si le parece, y ni siquiera hace falta tentarlos o seducirlos, porque ellos solos y su pérfida ambición los lleva a ser sus acólitos.

Los presidentes, políticos y pontífices beben de su mano y hacen lo que él les manda; todos los reyes y emperadores han estado a sus pies y se han ensuciado las manos de sangre, por eso no ha habido ni habrá uno probo en el mundo.

Baphomet, tan desconocido como su gobierno en las sombras, no le interesa que le hagan publicidad, y, si se la hacen, sabe que pronto se olvidarán de él y pensarán que los deportistas que triunfan lo hacen por méritos propios, lo mismo que los cantantes o los pintores, y que las competencias son justas, cuando son un simple negocio que mueve dinero y mantiene ciegas a las masas, mientras él manda y decide quién va a ganar o a tener gloria cuasi eterna.

Baphomet alienta la necrofilia, es decir, quién va

a ser famoso después de muerto, aunque en vida se haya muerto de asco y de hambre, porque basta que ponga el foco sobre su figura para que las multitudes lo compren, lo amen y lo adoren.

No importa si el famoso vale la pena o si tiene calidad para serlo, porque Baphomet manda y decide sus cinco minutos de fama o su eternidad de gloria, así grandes sabios y artistas pasan desapercibidos a pesar de sus méritos, mientras que verdaderos pelafustanes y patanes alcanzan el firmamento.

Baphomet y su séquito

Baphomet decide y se ríe, mientras el grueso de la humanidad corre detrás de los famosos y se humilla ante ellos.

Prefiere a las élites y a los de sangre azul, pero puede llevar a lo más alto a un indigente o a una persona nacida en la podredumbre y la miseria.

"La identidad es la primera vanidad del ser humano, y la vanidad es la debilidad más grande del mundo, pues a través de ella se conquista tanto a los necios como a los sabios".

Los sellos, íconos, signos y gestos de las diferentes sectas, como un ojo morado, un meñique roto o el matar a un hermano, son designios de Baphomet, que está entre los seres humanos desde el principio de los tiempos y apuesta por el oscurantismo, el misterio y los secretos, total, la mayoría de los seres humanos ni siquiera repara en ellos y acaba siguiendo y adorando lo que el Diablo decide desde un estadio deportivo, hasta una catedral, una ermita o un templo.

Pero que nadie se asuste ni se preocupe ni crea en nada de lo que se ha dicho y escrito sobre Baphomet, porque él mismo asegura que no existe y que todo lo que se refiera a su ser son meras especulaciones o tristes mentiras.

ARIMÁN

Arimán vendría a ser el precursor persa de la idea de Satanás y de todos los diablos en las religiones semíticas y judeocristianas.

Arimán es la Esencia del Mal.

Arimán se encuentra en todas partes y llega a todo rincón con del Cosmos.

Arimán es omnipresente y omnipotente.

Arimán es carismático y ubicuo.

Arimán es inmortal y eterno.

Arimán es enemigo y contraparte de Ahura Mazda,

el Dios de Dioses, de su hijo Zoroastro y del Mesías Mitra, así como de todo ser de luz y bondad.

Ahura Mazda en eterna pugna contra Arimán

Por tanto, se le debe combatir siempre en todo momento y en todo lugar.

Arimán está en el cuerpo, la mente y el alma de todos los seres, por lo que cada uno de los seres humanos debe estar alerta para no caer en sus designios, y practicar siempre y en todo momento los buenos pensamientos, las buenas obras, los buenos sentimientos y las buenas palabras.

Cualquier mal pensamiento, mal sentimiento, mala obra o mala palabra, abre las puertas a la inquina eterna de Arimán.

Arimán cuenta con ejércitos de demonios y hasta de seres humanos que lo siguen y lo emulan.

ANGRA MAINYU

Para algunos no es otro que el mismo Arimán, sin embargo, hay quien lo señala como el Demonio Destructor y sirviente de Arimán.

Angra Mainyu es el Espíritu que Atormenta.

Angra Mainyu es el Espíritu de la Eterna Amenaza.

Es el ser que alienta a las guerras, los conflictos, la ira, el odio y la violencia, enemigo de la paz, la tranquilidad y la buena vida.

De él se desprenden los dioses salvajes que atormentan la Tierra, y que venden su maldad como bondad, botín y triunfo.

Como Arimán, Angra Mainyu se encuentra en todos los corazones de los seres vivos, por lo que también se le debe combatir en todo lugar y a toda hora con buenas acciones, buenos pensamientos, buenas emociones y buenas palabras

DAEVA

Como en la India hay devas, algunos terribles y destructores, y otros divinos y amigos de la humanidad, en Medio Oriente hay daevas, que hacen el bien o el mal dependiendo de las circunstancias o de las órdenes de sus superiores, si los tienen, como algún demonio o dios que los manda a la paz o los manda a la guerra.

Muchos daevas son sirvientes y soldados de Angra Mainyu, siempre dispuestos al mal y a las matanzas, a la conquista y a la destrucción, contagiando a los seres humanos a que asesinen y destruyan a sus hermanos.

Todo el que es ajeno al mazdeísmo o al zoroastrismo, y que por lo tanto no sigue ni sabe seguir los tres principios: buen hacer, buen pensar y buen hablar, no debe estar entre los fieles que nacen y mueren en la verdadera fe. Se les puede dar hospitalidad, pero no entrada a la fe ni al templo, porque acabarán pervirtiéndolo.

"Más vale ser pocos enteros, que muchos fraccionados", dice Zoroastro, por lo que en su religión no se acepta al que no haya nacido de padres y abuelos fervientes de Zoroastro.

Ahura Mazda, el Primero, el Creador

No es de extrañar que la religión persa de Mazda, Dios de Dioses, y Zoroastro, supuestamente su hijo, hayan influido sobre el resto de cultos y creencias semíticas, ya que esta religión es simple, sencilla y poco o nada exigente, camino de perfección, espiritualidad y trascendencia, es una buena base, algunos dirían que, hasta un buen reclamo, para atraer a los fieles.

Incluso cuenta con sus propios demonios, algunos de ellos realmente infantiles (y hasta fáciles de vencer), y con una encarnación del mal casi invencible, Arimán, pero contra la cual hay que luchar siempre para que no se apodere del mundo, para señalar el dualismo y las contradicciones de la vida humana, y mantener una postura firme y positiva ante los males inherentes a la existencia.

La diferencia y lo que no copiaron los otros cultos, como el hebreo, fue la bondad de Ahura Mazda, sino que crearon a dioses guerreros, autoritarios, asesinos, vengativos, posesivos, exigentes y celosos, mucho más parecidos a Arimán que a Zoroastro.

Los romanos, muchos siglos más tarde, le vieron muy buenas posibilidades a deidades humanistas, como Mitra, Zoroastro o Cristo, pero tardaron casi hasta el Medievo para mejorar el carácter de su nuevo dios, Jehová, sustrayéndoselo a los judíos y dándole un talante más amoroso y hasta lejano al depositar sus poderes, y hasta su propio ser, en Jesús (Dios Hijo y Dios de ahí adelante, con toda la filosofía estoica respaldándolo, y una idea de su divinidad como la dibujara Epicteto al hablar de Zeus (Dios), al que el humilde filósofo no podía concebir como un dios lujurioso y asesino, prepotente y descarado, sino a un ser divino bello, amable, cariñoso y protector del mundo y de los humanos.

Daevas persas

Con Dios Bueno, a la Iglesia le toco hacer el papel del Dios Malo, más parecida al satanismo que al cristianismo que supuestamente profesaba, con Papas lúbricos y millonarios, y monjes y sacerdotes corruptos, lujuriosos y aprovechados, aunque representantes de lo divino según ellos mismos, más émulos de los Ángeles Vigilantes que de Cristo Jesús, pues el celibato no fue siempre obligado.

Cuando el celibato fue obligado tras Alejandro VI (Borgia), los Papas, curas, monjes y monjas, desobedecieron sus propias leyes, y tuvieron hijos e hijas con los seres humanos seglares que debían vigilar y proteger, o entre ellos mismos, en actos harto naturales, pero que en el sínodo de la Iglesia se les llamaba pecados satánicos.

IV
Los Ángeles Vigilantes y Guardianes de la Humanidad

*Y vieron a las hijas
de los hombres,
lozanas y frescas,
y tuvieron deseo de ellas
y las conocieron.*
ENOCH

El famoso *Libro de Enoch*, el profeta que no tuvo que morir para ascender al Cielo, descendiente directo de Noé, es uno de los más fantásticos de la mitología judía, pues a pesar de no entrar en el canon ni de la Tora ni de la Biblia, es el que más habla de los Ángeles Caídos y de la difícil relación entre estos seres de luz y su amo y señor, Jehová.

Enoch, quizá más mítico que real, cuenta que una vez hecho el mundo y creado a la humanidad, más allá de Adán y Eva, Jehová, que tenía que atender otras muchas cosas del Universo, mandó a una legión entera de ángeles a guardar, observar, vigilar y cuidar la Tierra y a sus habitantes.

Los ángeles se pusieron en marcha y se situaron en las nubes para hacer de guardianes vigilantes del planeta y su contenido.

Mientras vigilaban un sentimiento, un deseo, fue creciendo en sus corazones, pues entre la humanidad había mujeres (y tal vez también hombres) que les quitaban el sueño.

La belleza de las mujeres y los hombres de Medio Oriente es proverbial, aunque no la de todas las etnias, como se puede leer en *Las mil y una noches*, y los ángeles sucumbieron a ella.

Jehová los había dotado de albedrío, por lo que en realidad no tenían nada prohibido, si bien es cierto que tampoco nadie les había ordenado aparejarse con las humanas.

Enoch, el profeta mítico

Algunos dicen que también había ángeles de sexo femenino que se enamoraron de los humanos y que tuvieron hijos con ellos, pero no se ha podido comprobar, como tampoco se ha podido comprobar otro tipo de relaciones.

El caso es que los ángeles bajaron a la Tierra e hicieron amistad con sus pobladores, para, poco a poco, irse relacionando con las personas que en realidad les interesaban, y con las que terminaron emparejándose.

No eran unos mujeriegos que iban de flor en flor, sino que en realidad se amancebaron con una, o cuatro, como era costumbre, y de esas uniones nacieron una buena cantidad de descendientes, para beneplácito de Samael y Lilith, que adoraban a los niños.

Alguno de esos ángeles que no alcanzó pareja o que fue rechazado y despechado, corrió a decirle a Jehová lo que estaba pasando en el mundo, y a Jehová no le gustó nada.

Y a Gabriel dijo el Señor: Ve a ellos, a esos bastardos, réprobos y nacidos de fornicación, y aniquila de entre los hombres a estos y a los hijos de los vigilantes. Sácalos, azúzalos unos contra otros, que ellos mismos se destruyan luchando, pues no han de ser largos sus días. Y todos te rogarán por sus hijos, mas nada se concederá a sus padres, pues esperaron vivir casi eternamente; que habría de vivir cada uno de ellos quinientos años. (Libro de Enoch, 10:9, 10)

Fragmento del libro de Enoch

Ahora, los gigantes nacidos de los espíritus y de la carne serán llamados malos espíritus en la tierra y sobre ella tendrán su morada. Malos espíritus han salido de su carne, porque de arriba fueron creados y de santos vigilantes fue su principio y su primer fundamento. Mal espíritu será sobre la tierra, y malos espíritus serán llamados. Los espíritus de los cielos en el cielo tendrán su morada, y los espíritus de la tierra, que han nacido sobre la tierra, en ella tendrán su morada. Los

101

espíritus de los gigantes, los Nefilim, oprimen, corrompen, atacan, pelean, destrozan la tierra y traen pesar; nada de lo que comen les basta, ni cuando tienen sed quedan ahítos. Y se alzan esos espíritus contra los hijos de los hombres y sobre las mujeres, pues de ellos salieron. (Libro de Enoch, 15:8-12)

ÁNGELES DE LA GUARDA

Otra cosa muy distinta son los Ángeles de la Guarda, o Ángeles Guardianes, que según la tradición cada uno de los seres humanos tiene al suyo propio, que lo cuida y lo acompaña desde su nacimiento hasta su muerte, que hace por su persona protegida todo lo que puede y debe, sin abusar nunca de sus poderes y sin tener relaciones sexuales ni descendientes.

Un Ángel de la Guarda tiene albedrío, pero nunca lo usaría para aprovecharse del mismo ni para dañar a su protegido.

Ángel de la Guarda

En la tradición cabalística del Tetragramatón, hay cuatro arcángeles guardianes:

-Miguel, el guerrero. señor de los signos de fuego: Aries, Leo y Sagitario; y regente de Marte, el Sol y de Júpiter, las estrellas de Jehová.

Arcángel Miguel

-Rafael, el sanador. señor de los signos de aire: Géminis, Libra y Acuario; y regente de Mercurio Gris, Venus y Urano (o Saturno), las estrellas del Consejo.

Arcángel Rafael

-Gabriel, el inspirador. señor de los signos de agua: Cáncer, Escorpio y Piscis; y regente de la Luna, Plutón (o Marte) y Neptuno (o Júpiter), las estrellas del Arte.

Arcángel Gabriel

-Uriel, el revelador. señor de los signos de tierra: Tauro, Virgo y Capricornio; y regente de Venus, Mercurio rojo y Saturno, las estrellas del Alfa y el Omega. Algunas veces descarnado, porque, además de proteger a la humanidad, según la tradición, es el encargado de mantener cerrada la Puerta del Infierno, y ahí es todo Luz sin cuerpo.

Uriel, el Arcángel Descarnado

Todos acaban en "el" para significar su adscripción a Jehová, Eli o Alí.

Cada uno de ellos representa una letra del nombre oculto del Señor:

-I, creación.

-H, difusión.

-V, pensamiento.

-H, construcción.

De cada letra emanan 18 ángeles superiores regidos por cada arcángel, sumando un total de 72 legiones con sus respectivas huestes que cuidan del sendero correcto de la humanidad, con un Ángel de la Guarda para todos y cada uno de los seres humanos.

Sus nombres son tantos como seres humanos existan, pero deben acabar en I, H, V, H, para estar sellados como verdaderos Ángeles de la Guarda personales; el resto de ángeles tienen como final "EL" generalmente.

Lo curioso es que a nivel popular muchos de estos ángeles guardianes son algo pícaros, si no del todo malignos, sobre todo con los niños, a los que les dan consejos de lo más cuestionable; es decir, puede que sean realmente demonios tentadores y no ángeles guardianes.

DEMONIOS TENTADORES

Así como hay legiones de ángeles guardianes que cuidan del buen comportamiento de la humanidad, existen, según la tradición, legiones de demonios que actúan en sentido contrario, tentando a los humanos y dándoles muy malos consejos para que se pasen a las sombras y abandonen la luz.

Los demonios tentadores siempre están en pugna con los ángeles guardianes, pero el ser humano es el que finalmente decide a quién de los dos hacerle caso, pues, a pesar de todo, goza de un albedrío al momento de elegir.

Como espejo de ángeles y arcángeles, los primeros cuatro son:

-Satanás, el contrario. Señor de todos los demonios y de este planeta y de los signos de tierra: Tauro, Virgo y Capricornio en su parte negativa; y regente de los Infiernos de Venus, Mercurio y Saturno, este último su verdadero hogar y siempre en pugna con

Júpiter, el hogar de Jehová. La traición, la obsesión, la impaciencia, la ambición desmedida, la crítica fácil, el descontento y el ir siempre en contra de todo y de todos son sus principales características.

Satanás, Saturno

-Lucifer, el rebelde. Señor de los signos de fuego: Aries, Leo y Sagitario; y regente de los ardientes y terribles infiernos de Marte, el Sol y Júpiter, y, por tanto, del conflicto, la violencia, la vanidad, los aires de grandeza, el fanatismo y la codicia, siempre en contra del orden establecido por la jerarquía y presto para destruirlo todo sin medir las consecuencias.

Lucifer en su infernal hogar

-Luzbel, el desobediente. Señor de los signos de aire, Géminis, Libra y Acuario; y regente de los cambiantes y tenebrosos infiernos de Mercurio, Venus y Urano; tentador por excelencia en lo que parece bueno, razonable, científico, inteligente, intelectual, sabio, tecnológico y hasta filosófico, pero en realidad no lo es. La soberbia es su pecado favorito, pues, aunque parezca pusilánime y obediente, siempre está tramando el mal y la desobediencia.

Luzbel derrotado por Miguel

-Samael, el venenoso. Señor de los signos de agua: Cáncer, Escorpio y Piscis; y regente de los infiernos de locura de la Luna, Plutón y Neptuno. Su lengua viperina y venenosa empuja a toda clase de abismos, males, enfermedades, accidentes y hasta crímenes, pues siembra la inquina, los celos, la envidia, el rencor y toda clase de emociones que es capaz de disfrazar de nobles sentimientos como el amor, la amistad o el bien común. Para unos sigue siendo un Ángel, y para otros siempre ha sido y será un Demonio.

Por lo demás, hay tantos demonios como seres humanos habitan en el mundo, pues cada una de las personas vivas cuentan con su sombra y demonio particular, con nombre o sin nombre, terrible o aparentemente amable, milagroso o destructor, que promete la fama y la gloria, o que hunde en la miseria y la mediocridad, con lo que muchos piensan que tampoco son tan malos, ya que son capaces de minar el entendimiento, el amor propio y la confianza que las personas deberían tener sobre sí mismas, y hacer ver que la suciedad y la podredumbre del ser humano es natural y que no se puede hacer nada para combatirla.

V
LOS NEFILIM,
HIJOS DE LAS HUMANAS Y DE LOS ÁNGELES

*La bastardía
es sagrada entre los reyes,
porque en cada hijo engendrado
corre la sangre divina.*

En la Biblia, Genesis 6.1-4, se habla de los Nefilim:

*Cuando los seres humanos comenzaron a multipli-
carse sobre la tierra y tuvieron hijas, los hijos de Dios
vieron que las hijas de los seres humanos eran hermosas. Entonces tomaron como mujeres a todas las que
desearon. Pero el Señor dijo: «Mi espíritu no permane-
cerá en el ser humano para siempre, porque no es más
que un simple mortal; por eso vivirá solamente ciento
veinte años». Al unirse los hijos de Dios con las hijas
de los seres humanos y tener hijos con ellas, nacieron
gigantes, que fueron los famosos héroes de antaño. A
partir de entonces hubo gigantes en la tierra.*

Hay muchas interpretaciones para este pasaje, además de discutible cronología porque deja a Adán y
Eva fuera de foco, y al pueblo elegido de paso, porque
se utiliza el término "hijos de Dios" de tiempos pasados, pero cuando la humanidad ya había crecido,
y no se sabe con seguridad a qué se refiere, si a los
ángeles vigilantes o a otros seres, incluidos jerarcas,
gobernantes, sacerdotes, bandidos o reyes, que viene
a ser lo mismo, e incluso demonios o ángeles caídos,
porque al fin y al cabo todos son "hijos del Creador".
También llama la atención el trato de "héroes de
antaño" que se da a los gigantes, cuando en las leyendas semíticas se les trata de pelafustanes, glotones,
presuntuosos, violentos y nada heroicos.
Enoch es más claro que el Génesis, y dice exacta-

111

mente que los Ángeles Vigilantes fueron los padres, y tal vez las madres, de los Nefilim, y que Jehová entró en cólera al enterarse, maldiciéndolos y echándolos del Cielo.

Un Nefilim abusando de su tamaño y fuerza

Las humanas, madres de los Nefilim, tampoco quedaron bien paradas, porque Jehová les retiró el alma eterna, y les dejó solo el alma animal, la que da la vida, con 120 años en total, y después de eso, nada, ni salvación ni día del Juicio Final ni nada de nada, mortales sin trascendencia cuya función era transmitir la sangre divina a sus hijos de generación en generación hasta que llegara el tiempo del Mesías.

A los Nefilim, como monstruos que eran, además de poco devotos a las leyes de Jehová, había que destruirlos a todos y no dejar huella de su paso por la Tierra; por otra parte, a pesar de abusar y de violar a las humanas, eran estériles, según unos, pero con una vida muy larga de años, tantos que podían estar en este mundo por mucho tiempo, y esconderse para que no los cazaran los hombres que estaban hartos de ellos.

Todo son especulaciones, porque no se sabe realmente que tan grandes, altos y fuertes eran, si existieron en realidad o si son fruto de la imaginación semítica.

El punto son los nacimientos híbridos entre seres angelicales y humanos, en los que los descendientes pudieron salir mal o con taras en unas ocasiones, o tan bellos y bien formados como los ángeles, todos ellos protegidos de Lilith y de Samael, que llevaban en su ser la simiente divina, diferenciándose del resto de los seres humanos desde su nacimiento.

Exterminarlos una vez que se volvieron a reproducir con otros seres angelicales o con otros humanos, era muy difícil, al tiempo que había el peligro que alguno de ellos fuera tomado por el Mesías esperado, o que naciera luminoso, fuerte, poderoso, sabio, alado y capaz de retar al Cielo para acabar con el reino de Jehová, o con Jehová mismo, y por eso había la costumbre de matar al primogénito y ofrecerlo como carne asada (holocausto) a los dioses.

¿GOLIAT ERA UN NEFILIM?

No se especifica en la Biblia, sin embargo, el mítico rey y héroe filisteo tenía todas las características de un Nefilim a pesar de la diferencia de tiempo: muy grande, excesivo en sus pasiones y, sobre todo, no creyente de Jehová y, por lo tanto, enemigo de Israel, por lo que matarlo era más un deber que una necesidad.

No falta quien defienda a Goliat, y que señale a David como un asesino, una especie de justificación para convertirlo en rey y así mantener la sangre del que algún día sería el Mesías.

¿Cuánto podría medir realmente Goliat?

Quizá dos metros, o uno metro con ochenta centímetros, que, para los estándares de la época entre la población semítica, un metro con sesenta y cinco centímetros como mucho, resultaría bastante alto, pero no un gigante propiamente dicho.

Goliat vencido por David

Por otra parte, la morfología humana no permite personas demasiado altas o gigantescas, y dos metros y medio de altura supone muchos problemas físicos que normalmente vienen acompañadas de enfermedades hormonales previas, sin que un ángel y una humana lo hayan concebido.

La metáfora de matar a los gigantes, excesivos en sus apetitos, tiene otra vertiente: la de acabar con los excesos, o con el conformarse con poca comida, tanto por motivos de pobreza como por motivos de salud.

Los ayunos y los alimentos prohibidos eran una constante en los cultos semíticos, y la gente grande, e incluso obesa, eran un riesgo en varios sentidos, pues consumían más recursos de los necesarios y podían convertirse en caciques sin que hubiera el pretexto del mandato divino.

El temor y el rechazo a las personas diferentes o las que no estamos acostumbrados es una reacción algo animal, pero muy normal entre los seres humanos, y una persona demasiado alta o demasiado obesa llama la atención y puede producir ciertos miedos o fobias que a menudo se disfrazan de burlas.

Ganarle la partida a alguien superior, por otra parte, tiene connotaciones heroicas y de astucia, pero también de fraude, de injusticia y de false triunfo, aspectos que se dejan aparte porque el ansia de ganar a costa de lo que sea, lo justifica.

Una lucha entre Goliat y David en buena lid, hubiera sido diferente, pero también injusta porque no eran del mismo tamaño ni del mismo peso, con lo que todo quedaría en un empate si los filisteos también se creyeran los elegidos de un dios y hubieran trascendido en el tiempo con su religión y un par de libros sagrados.

El que gana, Nefilim o no, es el que escribe la historia y marca la pauta, entre otras cosas, porque los derrotados una vez muertos no se pueden defender.

Algo bastante habitual el deformar la historia entre los seres humanos, como el de inventarse glorias pasadas que nunca ocurrieron o fundaciones míticas abaladas por unos dioses que no pueden dar su opinión, generalmente porque no existen y son parte de la invención, o porque los asuntos humanos les importan poco o nada.

Total, lo que no pudo el Nefilim Goliat, lo pudo Betzabé, quien seduce al rey David traicionando a su esposo, el general Urías, y lo empuja a cometer adulterio, primero, y traición después, pues David, celoso

115

de Urías, lo manda por delante de su ejército a la peor de las guerras que sabe que va a perder, dejando a Israel prácticamente en la ruina y echando a perder por pecador su propia sangre divina.

Como en muchos otros casos, bíblicos y no bíblicos, lo que no pudieron hacer ni Dios ni el Diablo, lo pudo lograr una mujer.

LA SANGRE DIVINA

De tanto justificar el poder o el reinado con la figura de los dioses, los ángeles o los demonios, buena parte de los mandatarios que en el mundo han sido se lo han llegado a creer.

Sí, incluso presidentes municipales de un pequeño pueblo de montaña perdido en la nada y con un muy bajo presupuesto, pueden llegar a sentirse elegidos por dios para esa tarea.

Fernando Federico, el rey de Austria en el siglo XIX, así lo creía, por mucho que su gestión acabara con el Imperio Austrohúngaro.

"Dios me ha elegido para gobernar al mundo", incluso cuando ese mundo acaba en la esquina y no va más allá de dos manzanas.

Vanidad y poder, poder y vanidad, los pecados favoritos del Diablo, sobre todo cuando quien los justifica es el propio Jehová, o cualquier otra deidad de turno.

La famosa sangre divina, azul o del color elitista que sea, es eso, vanidad y poder, poder y vanidad, y por eso no es nada raro que se diga que el rey de este mundo es Satanás, y no Jehová, que es cómplice del Diablo o que prefiere atender otros asuntos porque su verdadero Reino está muy lejos.

La simiente que dejaron los Ángeles Vigilantes cuando se mezclaron genética y sexualmente con la humanidad, si es que en realidad la hubo, atañe principalmente a Medio Oriente y Cuenca Mediterránea, y a sus descendientes esparcidos por casi todo el planeta en las continuas emigraciones a lo largo de los siglos, con armenios, sirios, persas, árabes, judíos, egipcios, norteafricanos, algunos íberos e incluso romanos y griegos, y muy pocos de ellos forman parte de las elites elegidas por Dios o por el Diablo, porque la mayoría de los descendientes de los Ángeles Vigilantes son gente como usted y como yo, buenas personas comunes y corrientes.

Eso sí, aseguran algunos, mientras más altos sean, pero sin estar enfermos de la pituitaria, más posibilidades tienen de llevar en sus venas sangre Nefilim, lo que no los hace peores ni mejores, sino simplemente más altos que la media, con lo que los holandeses serían hoy en día los descendientes de los Ángeles Vigilantes, y los watusi, añadirían otros, también.

Si los Ángeles que fueron creados por Jehová pueden corromperse, y si los reyes que lo tienen todo pueden desviarse (ambos por el deseo de poseer a las pérfidas mujeres), qué se puede esperar de nosotros, los simples mortales, altos o bajos, Nefilim, medianos o enanos, que no gozamos de la divina protección ni de la instrucción divina más básica sobre el bien y el mal.

VI
ÁNGELES CAÍDOS, EXTRATERRESTRES O DEMONIOS ELEVADOS

*Casi todos los dioses
son extraterrestres,
pero no todos
los extraterrestres
son dioses.*
CARL SAGAN

¿Tiene el ser humano necesidades espirituales, o no las necesita para nada?

¿Crear y creer en dioses y demonios es necesario o simplemente funcional?

¿Tenemos conciencia, consciencia, mente, alma y corazón, o todo es pura imaginación, fantasías desveladas de una humanidad pueril y bastarda?

En todo caso, ¿por qué creemos en lo que creemos y no en otras cosas?

Porque así nos educaron, dirán algunos.

Porque lo llevamos en la sangre, en los genes, en el ADN, dirán otros.

Porque estamos y somos defectuosos, diría Schopenhauer.

Porque somos un producto fallido del azar al que llamamos naturaleza, y no tenemos remedio, en palabras de Cioran.

Porque, una vez que tuvimos suficiente comida y un lugar más o menos seguro para resguardarnos de las fieras, conocimos el ocio y nos dio pensar, hacernos preguntas y fabular sobre las respuestas, señalan los antropólogos, los etólogos y hasta los sociólogos.

Nadie nace sabiendo, y creer es nuestra forma de aprender casi a ciegas, confiando en lo que se nos dice sin hacernos cuestionamientos inmediatos.

Con el tiempo y las experiencias maduramos un poco y nos damos cuenta de que no todo lo que nos enseñaron y dijeron es cierto, real o verdadero; sin embargo, seguimos sin saber los orígenes de todo y sin tener las respuestas que nos lleven a saber la verdadera verdad.

En pleno siglo XXI (ya vendrán más) seguimos sin saber quiénes somos, pero creemos que ya sabemos lo que somos: mamíferos y grandes simios.

¿Somos o no somos?

Claro que todas las categorías, taxonomías, nombres y definiciones son invento humano, es decir, arbitrarios, y que la ciencia solo da como cierto aquello que se puede repetir en determinados ambientes.

Por tanto, llamarnos de una manera y establecer normas y leyes, físicas o de comportamiento social, es arbitrario, pero funcional.

Nos quedamos así con las cosas que parece que funcionan en determinados estados ideales, como las leyes de Newton, pero seguimos sin saber quiénes somos ni de dónde salimos; ni porque pensamos y fabulamos.

¿Qué falta hacían Dios y el Diablo en este contexto? ¿Ninguna?

No se puede negar que las religiones a veces han sido los motores sociales del arte y de la ciencia, como lo han sido de las masacres y los despojos; lo que no se sabe es que fueran necesarias para el desarrollo humano, pues, así como lo han impulsado, lo han retrasado, y casi siempre manipulado.

Si las cosas salen mal, se tiene a Satanás como chivo expiatorio.

Si salen más o menos bien, se tiene a los dioses, las vírgenes y los santos.

¿Dónde queda entonces la responsabilidad del ser humano?

¿Quién empezó con todo esto de los ángeles y los demonios para justificar tanto reinados como matanzas?

¿TODO VIENE DE OTROS MUNDOS?

Teorías hay muchas ante la incertidumbre de nuestro origen biológico, desde la evolución natural y selectiva, hasta la idea de la Creación divina, pasando por supuestos pasados espirituales o extraterrestres.

¿Nuestros antepasados extraterrestres?

Podemos ser incluso ángeles, ya sea caídos o mal confeccionados, que tenemos que pasar por esta vida como pasa una tuerca por el control de calidad, para limarnos y perfeccionarnos, y así, tras esta experiencia de taller escolar, llegar a ser ángeles con todas las alas.

Podemos ser, algunos de nosotros, no todos, hijos de ángeles y humanas, o de hombres y ángeles femeninos, con lo que la compatibilidad genética nos indicaría que dichos ángeles vigilantes y pecaminosos, son tan humanos como nosotros.

No hay que olvidar que, en esta, mi gran España, los ángeles eran considerados seres vivos junto a las otras especies en los tiempos de Franco.

La mezcla de denisovanos con neandertales, florensis, homo sapiens y otros homos que aún no hemos descubierto, se encuentra en nuestro ADN mitocondrial, y así como las mujeres sapiens tuvieron hijos con los neandertales, las mujeres neandertales no tuvieron hijos con los sapiens, aunque quizá lo intentaron, con lo que el pecado, o virtud, de la sexualidad nos precede y nos hace ser humanos de hoy, nacidos del pecado o de la virtud original.

Pero, ¿qué hay antes de los ángeles y los humanos ancestrales?

Posiblemente llegamos del cielo o de otros planetas a bordo de cometas, naves o simple panspermia o transpermia como bacterias de este o de otro sistema solar, de aquí al lado como el planeta Marte, o de más lejos, como Orión o Alfa Centauri.

En *El eterno adán*, Julio Verne propone que la humanidad actual es hija de otra humanidad desaparecida y mermada, como Mu y la Atlántida, ya fuera por catástrofes naturales o por cruentas guerras, con lo que los pocos seres humanos que sobrevivieron a la destrucción global, renegaron de su tecnología y decidieron empezar de nuevo de una forma sana y natural para preservar la especie.

Hay cuentos se ciencia ficción que hablan de naves caídas en este planeta tras las guerras celestiales que ya no pudieron alzar el vuelo y que quedaron atrapadas en la Tierra, con una ciencia y una tecnología que de nada les servía, sin energía y con la amenaza de disolución a sus materiales, no aptos para la lluvia o para el agresivo oxígeno de nuestra atmósfera.

Civilizaciones perdidas,
¿otra humanidad anterior a nosotros?

Estos astronautas caídos (como los ángeles) no tuvieron más remedio que adaptarse al planeta y reproducirse, con la esperanza de que algún día sus hermanos estelares vinieran a recogerlos, a salvarlos, y a llevarlos de nuevo a los cielos.

Los tiempos estelares comparados con los terráqueos hacían y hacen que dicho rescate pueda tardar miles de años, incluso millones, por lo que las nuevas generaciones de los astronautas caídos tenían que tener mucha paciencia y sabiduría para comprender su situación en este planeta, cosa que no sucedió siempre, lo que transformó una realidad en una leyenda, y una certeza en una creencia, dando así lugar a todas las supersticiones, mitologías y religiones que conocemos, inventado dioses y demonios que sustituían el esplendor del pasado y su desgracia de perderlo al caer en esta Tierra, un verdadero infierno en muchos sentidos, lo mismo que un paraíso en ciertas épocas, lugares y momentos.

CAMBIOS DE CONTEXTO

Los cambios de contexto conllevan cambios de estrategias en los comportamientos de todos los seres vivos, incluidos los seres humanos.

Las estrategias afectivas a las que llamamos pomposamente amor, no son más que eso, estrategias afectivas que buscan el amparo emocional necesario para la supervivencia, donde las hembras, como madres cuidadoras y alimentadoras de sus crías, parecen desarrollarlos más que los machos, que cumplen fertilizando a la hembra, protegiéndola de otros depredadores, o proveyendo de alimento durante algún tiempo, para después dejarlas solas con sus crías, ya sea en manada o del todo solas, no importa, porque las hembras ya proveerán, si pueden y quieren, lo necesario para que sus crías aprendan, crezcan y se independicen.

Los ángeles o extraterrestres caídos quizá fueron un poco más comunitarios, como los mandriles, o menos, con lo que las hembras formaron matriarcados en donde los machos solo ponían el esperma, pero aún sin dividirse entre malas y buenos, o entre buenas y malas, llegando a vivir en verdaderos paraísos terrenales, donde pasaron varios milenios de armonía y paz.

LA LLEGADA DEL MAL

El Mal llega al mundo humano junto con la consciencia de ser y estar, de tener y de perder, de vivir y de morir.

Hasta entonces el ser humano era un animal más, y en cierta forma lo sigue siendo, solo que presuntuoso y creyente, imaginativo y vanidoso, sabio y necio.

Un animal más que hasta hace un par de millones de años, más o menos, vivía de acuerdo con la Naturaleza, entre otras cosas, porque no le quedaba más remedio si quería sobrevivir, como el resto de los animales, desde el más pequeño hasta el más grande, pues a ninguno de ellos les parece agradable sufrir, enfermar, ser devorados por otros animales, ni morir.

No se sabe cuánta consciencia tengan los animales respecto a su muerte, pero es obvio que alguna tienen e intentan mantenerse vivos y sanos el mayor tiempo posible.

Quizá no piensen en otra vida o existencia, y no tengan creencias religiosas o al menos supersticiosas, por lo que los dioses y los demonios les tienen sin cuidado, pero sí tienen sueños, emociones, sensaciones, ideas, estrategias de vida y de supervivencia, e incluso obsesiones, problemas mentales, ansiedades, iras poco o nada justificadas, es decir, algo más que simples reacciones, por lo que pueden estar más cerca de nosotros de lo que habitualmente pensamos.

¿Cómo conciben ellos el mal?

Pues como muchos de nosotros, por la tristeza, el dolor, la ausencia, la enfermedad y la muerte, pero ese mal no es el Mal que concebimos nosotros, no hay un demonio o un dios invisible detrás de ello, como sí los hay para nosotros, pues en ellos ponemos la representación del tener o del no tener, el de amar o no amar, de poseer o no poseer, y a ellos echamos la culpa y la responsabilidad de nuestros fallos y de nuestros destinos.

¿Los animales también lo harán?

No lo sabemos, simplemente nos parece que no lo hacen, que no tienen el tipo de consciencia o inconsciencia que tenemos nosotros.

Para nosotros el Mal pudo llegar del espacio sideral a bordo de cometas o de naves espaciales.

Del cielo y de dioses maniáticos.

De los ángeles caídos o elevados.

De los demonios que viven en el subsuelo y que se han instalado en nuestras almas y en nuestros corazones, antes puros, sencillos y naturales.

O simplemente de haber comido del fruto prohibido del Árbol del Conocimiento del Bien y del Mal, un pecado que no podremos pagar ni con la más supina de las ignorancias a pesar de lo que nos esforzamos al respecto.

VII
LA HUMANIDAD, ¿ÁNGELES CASTIGADOS?

Las vidas son los ríos
que van a dar a la mar,
que es la muerte.
JORGE MANRIQUE

La consciencia de la fragilidad y poca duración de la vida humana sobre este planeta es relativamente nueva, y quizá se inició este proceso de ser conscientes de nosotros mismos y de nuestra fragilidad hace quinientos mil años entre los neandertales, una consciencia de ser y estar y de pensar en un más allá, pues la vida era demasiado corta, que transmitieron o compartieron con los homo sapiens y sus mujeres.

¿Los neandertales eran los ángeles y las homo sapiens las hijas del hombre?

Esta idea viene a cuento por las leyendas de las mujeres que se entregaron a los ángeles y tuvieron una descendencia de gigantes, híbridos humanos entre neandertales y mujeres homo sapiens, bastante más altos, fuertes, viriles, hambrientos y audaces que los hijos de los homo sapiens sin cruce genético.

Los neandertales tenían joyas, adornos, ritos funerarios e ideas trascendentales que no se encuentran entre los homo sapiens hasta que hubo interrelación entre ambos grupos.

Los homo sapiens eran más astutos y menos sensibles, más hábiles y menos cuidadosos de su medio ambiente, mejores cazadores, más prácticos y sin tantos escrúpulos, tanto así, que tras unos cien mil años de convivencia acabaron con los neandertales.

Además, las mujeres neandertales no parecieron gustar de los hombres homo sapiens, y se mantuvieron apartadas de esa chusma, por lo que las relaciones y posterior descendencia quedo reducida a ángeles neandertales con humanas homo sapiens, y, por supuesto, entre hombres y mujeres homo sapiens.

127

La teoría es descabellada, pero caza con la leyenda de los Ángeles Vigilantes y sus relaciones sexuales con las mujeres humanas.

¿CÓMO SE REPRODUCÍAN LOS ÁNGELES?

Algunos fueron creados directamente por Dios, pero, al menos al hilo de esta leyenda, después de los primeros creados la reproducción angelical debió de ser sexual entre ángeles de un sexo o género, y ángeles de un sexo complementario al menos en término de reproducción, por mucho que se diga y que se cuente que fueron creados directamente por Jehová, sin sexo explícito de por medio.

La identidad de género parece que no era importante, porque había ángeles muy femeninos con voz de trueno, y ángeles muy masculinos con cálida y sensual voz femenina (yo conozco personal y auditivamente a uno de ellos, y no es Uriel).

No todo fue creación de un dios, pues muchos ángeles son anteriores a la aparición de los dioses terrenales, desde los titanes hasta los barbados ángeles sumerios (que eran tanto ángeles como demonios), donde estos últimos además de unirse sexualmente a las hijas de los hombres, practicaban la modificación genética, según algunos autores.

La teoría general y popular es que los ángeles no tienen sexo, al menos no los que se quedaron a servir a Jehová en el Cielo, los que no se rebelaron y siguen siendo castos y puros a sus órdenes, aunque las escrituras sagradas digan lo contrario, y, como los neandertales con las mujeres homo sapiens (algo que se negó durante décadas) sí son capaces de reproducirse.

En este orden de ideas muchos de los seres humanos de hoy en día son descendientes de los ángeles, y, por tanto, tan fuera de la gracia de dios como sus antepasados, es decir, que buena parte de la humanidad sería una especie de semi ángeles caídos, y, por lo tanto, imperfectos pecadores y merecedores del castigo divino.

Los terribles Ángeles sumerios

LOS SIETE DEMONIOS CAPITALES

Si somos una especie híbrida castigada por la divinidad, no es raro que los demonios, muchos de ellos Ángeles Caídos, se encuentren en nuestra simiente, incluso más allá del pecado original de Eva y Adán, incitándonos a los Siete Pecados Capitales, que en algún momento fueron ocho:

LUCIFER

El rebelde y desobediente señor de los Infiernos, incita a la soberbia, pues hace que las personas se sientan mejores que los demás, más listos, más sabios, y hasta más hermosos, aunque a la vista sean horribles de carácter o apariencia.

Por tanto, la belleza puede ser pecado de soberbia.

La vanidad, sobre todo la inmerecida, es pecado de soberbia.

El orgullo necio y recalcitrante, es pecado de soberbia.

El desprecio a los demás es pecado de soberbia.

Incluso el conocimiento de las artes y las ciencias, son pecado de soberbia.

Los premios y los triunfos son pecado de soberbia.

Los dones y habilidades que la naturaleza nos da, pueden ser pecado de soberbia.

La sabiduría suele ser pecado de soberbia.

Cualquier aire de grandeza, es pecado mortal de soberbia.

Los excesos de bondad, caridad o generosidad, suelen ser pecados de soberbia.

Intentar que los demás se sometan a nuestra forma de vida, pensamientos, sentimientos y creencias, es soberbia pura.

Todo aquel que pretenda igualarse a los dioses o a los demonios, peca de soberbia.

La humildad serena puede ser su cura, pero el exceso de modestia y humildad es claramente pecado de soberbia.

MAMMON

Señor de la Codicia, incita a la avaricia, a la ambición desmedida, a la tacañería, a la falta de compromiso o de empatía, llegando a extremos ridículos de miseria humana, física y del alma, por querer más de lo que se necesita.

Tener dos techos, es pecado de codicia.

Tener dos lechos, es pecado de codicia.

Tener riquezas, es pecado de codicia.

Tener cualquier cosa superflua, es pecado de codicia.

Belfegor, el codicioso

El lujo, es pecado de codicia.

El atesorar, esconder y guardad, es pecado de codicia.

Cualquier tipo de posesión, cualquiera, es pecado de codicia porque al morir todo se queda en esta Tierra.

Desnudos llegamos y desnudos nos vamos de ella, por lo que incluso un entierro suntuoso es un claro pecado de codicia.

La codicia se cura con la frugalidad, con no poseer nada y solo usarlo cuando y mientras se necesita. El resto es pecado de codicia.

LEVIATÁN

El Monstruo Interior, incita a la envidia, uno de los peores pecados capitales, tanto por su grosera identidad como por su inutilidad, ya que no satisface a nadie, ni al que envidia ni al envidiado.

Desear la suerte, buena o mala del otro, es envidia.

Desear los triunfos ajenos, es envidia.

Desear a la mujer, al hombre o a los hijos de otra persona, es un claro y peligroso pecado de envidia.

Leviatán, el demonio de las profundidades

Quien no está contento con lo que tiene, poco o mucho, no lo estará teniendo más ni poseyendo los bienes ajenos.

Robar, mentir, defraudar, hacer trampa, son hijos del pecado de la envidia.

Imitar o emular al otro, es envidia.

Incluso la admiración es un síntoma de envidia, lo mismo que el rechazo sin motivos ni más razones que el supuesto gusto, filia o fobia hacia algo o hacia alguien.

No olvides que el "gusto" es el argumento de la ignorancia y primo hermano de la envidia.

Y no, no hay envidia sana, toda envidia es síntoma de complejos de inferioridad y de enfermedades del alma.

Este pecado capital es de los más difíciles de curar o de evitar, pues a veces es reactivo y se siente antes de asimilarlo, analizarlo y evitarlo

BELCEBÚ

El "Señor de las Moscas", incita a la gula y al exceso en las bebidas alcohólicas, así como a otros excesos y adicciones, y por tanto a la enfermedad, los malos ejemplos, los contagios, la obesidad, el asco, las náuseas, lo grotesco y lo escatológico.

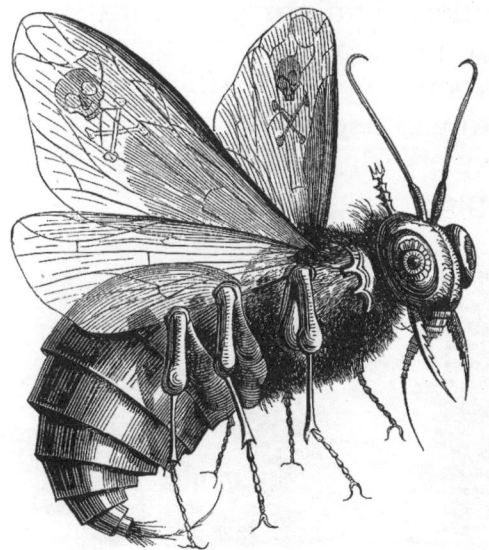

Belcebú, el Demonio de la Gula

Vivir para consumir es gula.

Almacenar lo que sobra y no se necesita, es gula.

No tener lleno el espíritu e intentar llenarlo con cualquier cosa, es gula.

Si mientras más tienes, más comes y más bebes no te sientes satisfecho, es gula.

Llegar al vómito en los excesos, es gula.

Carecer de control en el consumo de lo que sea, es gula.

La gula se puede refrenar con !a frugalidad en el comer y en el beber, pero su origen es más profundo, pues representa los vacíos que llevamos dentro y que son muy difíciles o casi imposibles de llenar.

SATANÁS

El Dios mayor de la Tierra, incita a la ira y la violencia, a la guerra y al conflicto.

La ira puede ser silenciosa, pero es ira.

La ira concita el odio, el rencor, la furia soterrada o manifiesta.

Quien se deja dominar por la ira, se convierte a sí mismo en un pecado.

La ira es contagiosa y peligrosa, pues lleva al enfrentamiento y al asesinato.

La ira expresada revienta a la vida por fuera y rompe destinos.

Satanás y la mirada de la ira

La ira no expresada corrompe por dentro y carcome el alma.

La ira hipócrita encamina a la traición.

Un instante de ira puede acabar con toda una vida de amor, paz, armonía, alegría y contención.

La ira es rabia y locura que desconoce incluso a los seres queridos.

La ira es muy mala consejera.

La ira es vengativa y del todo irracional.

La ira es irreflexión pura y se va de cabeza a los accidentes y al abismo.

Una brizna de polvo puede desatar la peor de las iras.

Un desaire, una mirada, un despecho, hasta un simple capricho no satisfecho puede despertar a Satanás como Demonio de la Ira.

Se puede vencer a la ira con la reflexión, la meditación, el análisis sincero y hasta con la respiración desde antes de que aparezca, porque una vez que emerge es muy difícil de contenerla y casi siempre tiene consecuencias funestas.

ASMODEO

El falso amigo, el falso aliado y el eterno enamorado, incita a la lujuria, y lo hace de una manera sibilina, pues a menudo no parece un pecado, sino simple deseo amoroso o sexual, que poco a poco se va convirtiendo en obsesión y en verdadera locura y pasión desenfrenada que de amor no tiene nada, pues es lujuria pura.

La lujuria puede darse también en el comer, en el vestir, en el adornarse o en el aspecto exterior, donde todo exceso termina arruinando la cordura y encierra al pecador en un mundo de locura y fantasía hasta que se extermina a sí mismo.

Los placeres no tienen por qué ser lujuriosos.

Incluso el sexo puede ser sano, puro, placentero, productivo, generativo y hasta sublime sin necesidad de caer en la lujuria.

La lujuria es sobrada y esperpéntica, tanto, que a menudo no se da cuenta de sí misma y se lanza al ridículo como quien se lanza a las mansas aguas de un lago.

La lujuria es hermana de la codicia, la soberbia y el orgullo, de la vanidad, del ego y de la ignorancia, por lo que en casi todos los pecados capitales está presente.

La lujuria se domina fácilmente en sus inicios con

una mente consciente, pero a medida que avanza se vuelve difícil y a veces irremediable.

BELFEGOR

El demonio anciano, sabio pero malvado y aprovechado de todo aquel que se lo permite, incita a la pereza.

La mendicidad es pereza.

La abulia es pereza.

Hasta la depresión (el antiguo octavo pecado capital) es pereza.

Una cosa es estar cansado y otra cosa es ser perezoso.

Aprende, por tanto, a descansar para luego seguir trabajando, luchando, construyendo y creando, pero no arrojes la toalla ni te duermas en los laureles de la pereza.

Mientras hay vida, hay movimiento, mil cosas qué hacer y mil cosas por aprender, por eso hay que mantener el cuerpo sano y activo, la mente abierta, receptiva y productiva, y el alma siempre en pos de un objetivo.

La pereza anula y destruye tanto al cuerpo como al espíritu, y es amiga de la desidia, la negligencia, la procrastinación y las excusas y pretextos de no hacer las cosas que se deben hacer, o de hacerlas mal por pura corrupción y pereza. La pereza es una forma de entender y enfrentar la vida, por lo que se pueden hacer muchas tareas con toda la pereza del mundo.

Ni la edad ni el aspecto físico son excusas válidas, porque siempre se puede hacer algo para mantenerse activo.

Mientras uno está vivo se pueden hacer cientos de cosas, una vez muerto ya es un poco más difícil actuar en este plano físico y materialista, pero seguramente habrá algo en qué ocuparse en la próxima vida incluso si te mandan al infierno por perezoso.

LA TIERRA COMO INFIERNO

La palabra "infierno" significa "por debajo", y la Tierra parece estar por debajo del Cielo, por tanto, la Tierra es un infierno con respecto al cielo.

Los humanos, como descendientes de animales y de ángeles caídos, son pecadores desde antes de su nacimiento y en su concepción porque se reproducen pecaminosamente a través del sexo, en lugar de ser creados directamente por Dios, como lo fue Satanás, el primero de los primeros.

Así las cosas este mundo fue considerado un valle de lágrimas y sufrimientos, una especie de condena por el simple hecho de nacer, pero que al parecer no es del todo eterna ni en el caso de la resurrección o la reencarnación, porque al final de todo algunos tendrán la oportunidad de volver al Cielo, otros seguirán en alguno de los infiernos de las diferentes creencias y religiones, la mayoría, y finalmente habrá quienes desaparezcan para siempre como si nunca hubieran existido, sobre todo los ateos y los no creyentes, que antes de desaparecer serán torturados de las maneras más crueles.

Y no se trata de las puertas del Infierno custodiadas por ángeles, monstruos, perros, centauros o de demonios que hay por medio mundo, se trata del mundo como verdadero infierno dónde venimos a sufrir y a pagar por pecados propios y ajenos, ya que además de los pecados individuales que hayamos podido cometer antes de nacer, están los pecados de la especie y de los ángeles caídos o por caer.

Tenemos naves espaciales, pero aun así no podemos escapar de nuestra condición humana, y si bien salimos del planeta, también llevamos con nosotros nuestros pecados y nuestras deficiencias, que son el pago por haber pecado:

-El hambre es un castigo divino que nos obliga a seguir pecando, como en el infierno musulmán y su fruta amarga, matando a otros seres vivos, ya sean plantas o animales, hongos o insectos, da lo mismo, porque comer es un feo y horrible pecado con fin escatológico.

El ayuno es una forma en que diversas religiones intentan redimirnos del pecado de comer, pero por desgracia no podemos ayunar para siempre y terminamos pecando ya sea por gula o por necesidad.

"Dios no condena a nadie", Satanás, tampoco, es el ser humano quien peca, se condena a sí mismo y tiene que pagar por sus pecados.

-El frío, el calor, las tormentas, los terremotos, las sequías, las inundaciones, las enfermedades, las pandemias, los miedos, los temores, las emociones negativas y los malos sentimientos, y todo aquello que no podemos controlar, son castigo divino que nos sumen en un infierno peor al de Dante, pues lo círculos infernales de nuestra vida en este planeta son casi infinitos, y no solo nueve.

El Infierno finito de Dante

138

-Respirar sin aspirar y sin ser consciente de la respiración, es un castigo divino, pues el cuerpo que se nos ha dado es un animal que no discierne lo bueno de lo malo y respira cualquier aire, ya sea pútrido o limpio; por tanto, pecamos simple y llanamente por respirar.

-Trabajar es un castigo divino, no el tener una actividad productiva, sino trabajar, al no darnos cuenta del Paraíso Terrenal en el que vivimos con la abundancia al alcance de la mano que no tomamos, pues preferimos torpemente gastar el tiempo de nuestras vidas en actividades sin sentido, obedeciendo a gente supuestamente superior, sometiéndonos a leyes injustas, sufriendo por lo que no tenemos, persiguiendo a la fortuna que no alcanzamos nunca, toda una necedad y falta de sentido común, un contrasentido de ambición y codicia, cadenas que nos atan y obligaciones que no sirven absolutamente para nada, pero que en nuestra locura pecaminosa perseguimos y aplaudimos.

-Incluso estudiar y creer que sabemos y entendemos más que los demás, es un castigo divino, pura vanidad, pues en realidad inventamos mucho y no sabemos casi nada, y mientras más estudiamos nos vamos dando cuenta que el conocimiento verdadero es infinito y que no podemos abastarlo, entre otras cosas porque es inútil hacerlo. Memorizamos, pero no entendemos; entendemos, pero no tenemos consciencia ni lucidez de lo que entendemos, con lo que creamos torres de Babel en las que al final no entendemos nada. La ignorancia y el saber son hermanos del mismo pecado de soberbia e incontinencia mental y verbal.

-Nuestra condición humana de mente, cuerpo y alma es un castigo divino, porque nunca hay acuerdo entre lo que pensamos, hacemos y sentimos y debemos purgar la incongruencia por los siglos de los siglos en este mundo maldito.

-Castigo divino de inconsciencia, pues nacemos y morimos siendo pecadores, sin saber qué hay antes de la vida ni después de la vida una vez que hayamos muerto, perdidos siempre, sin verdadero hogar, vacíos, impotentes, encerrados en este infierno, peor para unos que para otros, sin saber cuál es la finalidad de todo esto.

-La guerra, castigo divino, incluso la más santa de las guerras.

-El odio entre humanos y hermanos, castigo divino; junto con el amor que creemos Amor y no es más que sexo o un deseo insatisfecho de que alguien nos quiera, es un doloroso y terrible castigo divino.

-El sexo, tanto el matrimonial como el trasgresor o adúltero, es castigo divino, pues solo perpetúa el pecado original en la especie humana, además de ser sucio, animal, salvaje, vejatorio y vicioso.

-En suma, prácticamente todo lo que parece hacernos humanos, es un castigo divino por unos pecados que ni siquiera conocemos y que hicimos en una vida pasada, en el Limbo o en la existencia angelical. No sabemos lo que hicimos, de la misma manera que muchas veces no sabemos lo que estamos haciendo, pero de una o de otra forma tenemos que pagar por ello. Quizá fuimos terribles criminales antes de llegar a este mundo, pero lo hemos olvidado, y a pesar de la falta de memoria hay que pagar la condena.

Todo lo anterior no es más que una especulación, una posibilidad más que explica nuestra presencia en este planeta, donde ciertamente es un horroroso infierno para miles de millones de personas que sufren el hambre, la desolación, la explotación y la guerra; así como para millones de personas realmente enfermas de mente, cuerpo y alma, que pagan por pecados que desconocen, simplemente por haber nacido en el lado equivocado del planeta, donde ni los dioses ni los demonios los salvan, y el resto de los humanos, además, se aprovechan de su miseria para vivir con relativa comodidad, pagándoles una miseria o hurtándoles sus recursos, sin que la justicia divina tome venganza, sino todo lo contrario, aumente las penas de los que ya sufren sin esperanza de una vida mejor presente, y tampoco futura, porque su contexto y condiciones de existencia no dan para mucha santidad, y seguramente se irían a los infiernos de sus religiones por blasfemos y pecadores, incluso a pesar de que sean fieles creyentes y adoren a las divinidades de su más inmediata esfera.

VIII

EL SABER:
LA SOMBRA OSCURA
DEL SER HUMANO

*Mientras el ser humano
no probó del Fruto Prohibido
del Árbol del Conocimiento
del Bien y del Mal,
no hubo pecado alguno
a los ojos de Jehová.*
ROBERT WALL

"Pero del fruto del Árbol del Conocimiento del Bien y del Mal, ¡no probaréis!", dijo Jehová como única prohibición para Adán y Eva en el Paraíso Terrenal, quizá porque tener conciencia del bien y del mal conlleva a la consciencia, que es el conocimiento, y el conocimiento a la razón, y la razón a pensar y analizar, con lo que toda jerarquía es cuestionable, y una vez cuestionada la autoridad de la jerarquía, que siempre se aprovecha en su beneficio de los de abajo, viene la desobediencia, el deseo de justicia y, por supuesto, el desacato y la revolución.

Tan sencillo que era mantenerse sin consciencia y con la vida apacible y regalada en el Paraíso Terrenal.

"Saber es malo", es una de las consignas de muchas religiones, y en especial de la Iglesia Católica durante mil quinientos años por lo menos.

"Leer tantos libros te enloquece", es el mensaje subliminal del Quijote, por eso en mi España querida el leer, sobre todo el leer demasiado, es un acto pecaminoso, innecesario, peligroso y hasta satánico.

"Leer partes escogidas de la Biblia puede hacerte creyente, pero si la lees completa de cabo a rabo, lo más seguro es que te hagas ateo", dice una frase recurrente en las redes sociales.

Un salmo de Salomón, es sano, demasiados salmos de Salomón pueden ser un pecado, por erótico, por

143

desobediente, por alentar las ambiciones personales, por las prohibidas artes de la adivinación, por los lujos. Incluidos los del Templo de Salomón, por señalar caminos alternos hacia la riqueza y la gloria que no pasan por las creencias, sino por la magia y los dones de las personas, e incluso por poeta rebelde que no ve en los ciervos icónica sumisión, sino naturaleza excitante y pura.

Leer y escribir, doble pecado, que debería ser exclusivo de los escribas, como en la antigüedad, y no diseminarse por todo el pueblo, pues al pueblo no le hace falta y debe creer solo en la palabra de dios, no en las letras de textos que no son sagrados ni han salido de su inspiración divina.

Hasta hace ciento cincuenta años la mayoría de la población mundial era analfabeta, como Dios manda y como debe ser; porque ahora que casi todos los seres humanos saben leer y escribir, la Tierra se asemeja cada vez más a Sodoma y Gomorra, y con ello el Pacto de la Alianza se puede romper en cualquier instante, y el Apocalipsis venirse encima de todos nosotros para dar paso al Milenarismo, donde Cristo o Satán, el que gane la batalla, reinará por mil años hasta el día del Juicio Final, y entonces todo será llorar y crujir de dientes.

Así está escrito, y lo mejor sería que casi nadie lo supiera leer.

DIVINAS LETRAS

"¡No quiero tretas!"
Exclamó el Señor Más Alto del Suelo.
"¿Quién inventó las letras?"
Nadie le respondió.

"¿Prometeo?"
No fui yo, Señor,

yo solo les di fuego
para un cigarro o cigarrillo
que alumbrara y diera brillo,
pero nunca erudición.

"¡Gabriel! ¿Acaso tú…?"
Yo solo escribí un par de libros
pero ese invento no es mío,
las letras ya estaban ahí,
además, abracadabra,
esas fueron tus palabras
y por eso yo escribí
una Biblia de Coral
y un Corán de Colibrí…

"Sí, y me duelen las muelas
del mal juicio que emití,
pues ahora al releerlas
esas letras no concuerdan
con lo que pienso de mí."

Nadie resuelve el misterio…

"Miguel, ¿fuiste tú Miguel?"
Yo solo espada candente, mi Lord,
que no escribe ni escribía,
busca en otro te lo ruego
hoy que tienes tan mal día.

"¡Me cago en Mí!
¿Quién diría
que toda mi alevosía,
y mi famosa omnisciencia,
no fuera capaz
con su ciencia
de observar y descubrir
quién fue el mortal o divino
que iniciara el desatino

del leer y el escribir...

"¿Satanás?"
Adónde vas, Señor,
no quieras culparme así
de todo lo que sale mal
de uno a otro confín,
que bastante tengo ya
con hacerte de cojín.

"¡Ya no sé dónde buscar!"
Podrías buscar en mí.
"¿Tú eres...?"
Yo soy Lilith,
Hécate, también Ishtar,
o Astarté, por presumir,
que yo aprendí a escribir
mucho muy antes que a hablar
y eso ya es mucho decir.

"¿Quién te enseñó?"
Te vas a cubrir de espanto,
no fue el Espíritu Santo
ni fue el Manco de Lepanto,
fue una Musa a la que oí
cantar un hermoso canto
cuya letra dice así:
Por si falla la memoria
al recordar una historia
inventé el texto escrito
y así siempre me repito.

"¿¡Su nombre!?"
Musa Talía.
"¿La cantante?"
No, Usía,
la Musa griega que un día
por no olvidar su poesía

inventó lo de escribir.

"¡Qué se postre!"

No se postra,
no te debe pleitesía.

"¡¿Quién lo dice?!"

Así está escrito,
y no se puede borrar
ni con goma ni con gritos.

"Quedo, pues, omni-impotente...
sin embargo, se me ocurre
así nomás de repente
(al fin Dios de toda nube),
hacer tan tonta a la gente
que no entienda
nada escrito.
¡Amén! ¡Qué así sea!"

Cumplióse el mandato divino:
Nadie entiende lo que lee
y todo lo mal interpreta
por más que muy claro esté
lo que ve en cada letra.

Javier Tapia

Dicen que Dios (palabra que ni siquiera aparece en el Antiguo Testamento) prefiere la ignorancia humilde y obediente al saber orgulloso y autosuficiente; mientras que Satanás, por soberbio y presuntuoso, prefiere al conocimiento porque te permite cambiar, reclamar, desobedecer y ser el amo de ti mismo.

Dios representa a las élites y a las jerarquías mientras dice que ama al pueblo y que condena a los ricos, pues él mismo pretende ser la cúpula de los deciden y mandan en el mundo, y no puede ir en su contra.

El mismo Cristo parte de la base de que es el Hijo de Dios, y por lo tanto un privilegiado, poderoso y salvador, y no uno más de entre nosotros, algo rebelde, pero finalmente obediente al padre, que te pide que te humilles ante él sin cuestionarte las cosas demasiado: "se humilde y sumiso, a ver si así se te da algo en el Cielo, y por mí no te preocupes, total, el mismo Cielo soy yo", parece decirles a sus seguidores (algo ladinos a la espera de la recompensa), y ellos lo aplauden y lo aceptan, porque están acostumbrados a que el privilegio sea de los dioses, los reyes y los príncipes, y no de cada persona a la que no le queda otra opción que agachar la cabeza y hacer como que cree, cumple y obedece las imposiciones imposibles de sus jefes, sobre todo si les han enseñado que esos jefes son divinidades, o demonios, y que no hay nada más que hacer.

Para que suceda una maldad y se mantenga en el tiempo y el espacio, hacen falta dos, el que la perpetra y el que la acepta porque en el fondo cree que le favorece de alguna manera.

ENTONCES, ¿DIOSES Y DEMONIOS SON LO MISMO?

En los albores de la humanidad, sí, los dioses y los demonios eran la misma cosa: seres poderosos y privilegiados que hacían con la humanidad lo que les daba la gana sin importarles las vidas de los inútiles mortales, tan necios, tontos, torpes, ignorantes, manipulables, fáciles de engañar y del todo prescindibles.

Los seres humanos desde que empezaron a fabular respuestas a lo que desconocían, vieron en la naturaleza toda clase de seres benignos y malignos, o con las dos caras, desde el viento hasta las flores pasando por todos y cada uno de los animales.

A esta forma de ver el mundo y sus misterios, se le llama animismo.

No se sabe exactamente en qué momento, pero esos dioses de la naturaleza empezaron a ser dioses de la cueva o del hogar, donde hasta los instrumentos, las armas y las herramientas adquirieron un toque mágico y divino, como si tuvieran vida y poderes, capaces de atraer o de alejar la mala suerte.

Desde entonces hubo "lares" o deidades del hogar a las que había que cuidar para que no se volvieran contra los ocupantes de la cueva o de la choza.

Dicen que las pinturas rupestres tenían un sentido mágico y religioso, como para asegurar la caza o como para demostrar que había alteración de la consciencia que permitía ver a otros seres no humanos, e incluso objetos voladores no identificados.

Todo un misterio.

Pero de una o de otra manera de esta etapa más o menos primitiva de pensamiento mágico y religioso (porque aún persiste a nivel popular en casi todo el mundo), se pasó al descubrimiento o invención deliberada de los dioses, y de una manera generalizada en las grandes culturas del pasado a pesar de las diferencias de espacio y tiempo.

La idea de legitimar reinos, terrenos y poder de unos sobre otros en nombre de los dioses, también es común desde hace unos doce mil años, lo que resultó muy funcional porque el pueblo creyó en esa legitimidad divina tanto en Sumeria como en China o la India.

"¿Por qué debes ser tú el rey?" Le preguntaban al cacique de turno.

"Porque los dioses me eligieron", era la respuesta, y tras varias reyertas y asesinatos el argumento se daba por bueno, hasta que se convirtió en una tradición y ya casi nadie preguntaba, además de que podía costarle la cabeza.

El Emperador Amarillo de la China, incluso se casó con una diosa.

Gilgamesh no dejó títere con cabeza en Sumeria, porque Anu y su corte celestial lo protegían.

Zeus determinaba en un principio quiénes habían de mandar entre los hombres, y quiénes no, apoyándose en el poder de sus rayos.

Jehová eligió a los primeros profetas, como Moisés, patriarcas, como Abraham, y luego jueces.

Llegó el momento en que cada dinastía, rey, faraón y gobernante, ya no tenía que apelar a su origen divino, porque se daba por hecho.

Como había señalado en un capítulo anterior, hasta los presidentes democráticos de nuestro tiempo se sienten elegidos de los dioses, como José María Aznar, aunque los dioses no se hayan pronunciado al respecto, pero es la tradición que entronca con el mareo del poder y la vanidad del individuo.

Las primeras democracias, como la griega y la romana, eran bastante teocráticas.

Hoy en día las supuestas democracias musulmanas, españolas, latinoamericanas y estadounidenses, también son harto teocráticas, tanto, que prefieren a los creyentes antes que a los ateos (en el Egipto actual ser ateo es un delito).

Muchas religiones se han perdido con el paso del tiempo o se han vuelto minoritarias, con sus dioses y demonios; otras han prevalecido, y aunque han cedido terreno a los gobiernos modernos, no han dejado de medrar con sus ángeles, vírgenes, dioses, demonios, oraciones, paredes míticas, santos y mártires de todos los colores y afamados mesías y profetas.

El budismo y el jainismo pretendieron ser religiones sin dioses ni demonios, pero el fervor popular, la funcionalidad gubernamental y los intereses económicos ganaron la partida y las supersticiones siguen casi intactas, llenando al budismo y al jainismo de dioses, demonios, lamas y grandes maestros, cuando sus fundadores señalaron que no se debía temer ni adorar a nadie ni a nada, y mucho menos a ellos mismos, pero sus palabras y sus buenas intenciones se perdieron en la nada.

No, tampoco el confucianismo, por laico que se venda, fue capaz de evitar que los chinos le prendieran inciensos y le colgaran papelitos de colores a sus dioses y demonios preferidos, a unos para que les hicieran milagros, y a los otros para que no les hicieran daño, como se hace con cualquier gobierno o mafia.

Aristóteles: El Mal es la ignorancia

Pagarle a los diferentes templos, iglesias y centros de culto mágico religioso por adorar a sus dioses y temer a sus demonios, es una verdadera barbaridad, sobre todo cuando en muchos países están exentos de impuestos y reciben ayuda económica gubernamental.

En resumen, que dioses y demonios sí son más o menos lo mismo, además de ser cómplices entre ellos y las jerarquías humanas desde hace unos cuantos miles de años.

La humanidad entera puede oírlo y leerlo, e incluso saberlo, pero va a ser muy difícil que cambie y que acepte que la mayoría de sus creencias, sobre todo las mágico-religiosas, son del todo falsas y que solo sirven para que los humanos no se porten del todo mal, y también para que se mantengan cómoda e irresponsablemente sumisos ante sus amos y dueños.

La ignorancia asumida por la gran mayoría de la humanidad no es ningún secreto, y se continuará asumiendo mientras el verdadero saber, la consciencia lúcida en el conocimiento, sea considerado algo satánico e insensible, casi tan rebelde que ofende a dios, y mientras se considere a la supina ignorancia, que tanto denunciara Aristóteles, como algo bueno, humano, humilde, sencillo, y que incluso hace gracia.

Ya se sabe, el saber es pesado, aburrido y obliga a trabajar y a poner atención, mientras que la ignorancia es divertida y no requiera de esfuerzo alguno.

LOS DEMONIOS DE COLORES

Uriel me recuerda que los ángeles y demonios en realidad no tienen nombre, como tampoco lo tiene Dios, porque son convenciones arbitrarias que intentan dotarlos de una identidad que no tienen ni quieren tenerla.

Nosotros, los humanos, somos los que nominamos y damos nombre a todo, porque, a pesar de todos nuestros fallos y fantasías, queremos tener certezas, y le llamamos lunes a un día que no se llama lunes, o Marte a un planeta que no se llama Marte; y lo mismo ocurre con los dioses (que etimológicamente sería el plural de Zeus), los demonios, los ángeles y el resto de figuras mágicas o esotéricas que nos inventamos o que vamos descubriendo.

Mi propio Ángel Guardián, el que me acompaña en mi esquizofrenia, no se llama de ninguna manera, no tiene nombre, es quien es y con eso le basta, pero yo le llamo Uriel porque no tiene cuerpo ni carne, es todo luz, aunque algo antropomorfo, y en algún lado leí hace muchos años que al Arcángel Descarnado y Todo Luz, guardián de las puertas del infierno para que el Diablo no saliera, le llamaban Uriel, y yo adopte el nombre para hablar con él, así de sencillo.

Algo así debieron ser los ángeles y demonios del pasado, como Uriel, sin forma precisa ni cuerpo, seres de luz y de colores, a los que los humanos les han dado una serie de atribuciones desde el más lejano pasado hasta el día de hoy:

DEMONIO ROJO O COLORADO

Es del demonio de la cólera, la ira, la violencia, el arrojo, la irreflexión; de la sangre, del drama, la tragedia, la guerra, el conflicto, el odio, los accidentes y las catástrofes naturales.

Por tanto, vive dentro y fuera de los hombres y puede aparecer o manifestarse en cualquier momento y lugar.

El demonio rojo es como el fuego que arde en los volcanes, los incendios y los corazones de los hombres.

Pero también es el demonio de la libertad, la rebelión, el poder y la acción.

Todas las pasiones intensas son de su competencia.

Es ciego a las consecuencias de sus actos, pero tampoco las lamenta.

Los que lideran o mandan llevan su estela encarnada dentro del alma.

El demonio rojo destruye, transforma y crea.

DEMONIO AZUL

Es el demonio del viento, de las aguas del mal, del cielo y del pensamiento.

Es el que da las buenas y las malas ideas.

Su aliento es aliento de vida, pero su furor puede convertirse en tormenta de muerte.

Demonio del estudio y de la ciencia, pero también de la soberbia y el orgullo.

Demonio del arte, pero también de la vanidad y la traición.

Demonio de la meditación, pero también de la pereza y el desencanto, de la apatía y de la hipocresía, de la hostilidad y del rechazo.

También es el demonio del amor, y, por tanto, es cambiante, enamorado, inseguro, anhelante, despechado y tormentoso.

Da grandes gozos y terribles sufrimientos.

Puede parecer bueno y apacible, pero siempre esconde algo tenebroso.

Puede estar en todas partes y afectar a los seres y a las cosas, porque a menudo es la fe que no se corrobora y la esperanza que no se cumple nunca, por lo que la necedad y la insistencia inútil es su bandera.

DEMONIO AMARILLO

Es el demonio de la bilis y los corajes, de la vanidad y del ego, de los complejos de inferioridad y de grandeza, del mareo del poder y de la terrible inseguridad interna.

Vive agazapado en todos y cada uno de nosotros, siempre a la espera de brotar y manifestarse.

Su calor no quema, pero consume.

Da energía, pero también la destruye.

Parece noble y leal, pero en realidad es infiel y codicioso.

Ve la paja en el ojo ajeno, pero es ciego ante sus propios defectos.

Es creativo, pero demasiado fabulador y fantasioso.

No soporta el brillo ajeno e intenta corregir a todo el mundo.

Es chismoso y maledicente a espaldas de los demás, así como fanfarrón y prepotente, el demonio ideal para gobernar o reinar.

A pesar de sus múltiples defectos y escasas virtudes, suele ser adorado o incluso respetado y seguido por la gente.

DEMONIO VERDE

Es el famoso Monstruo Verde de los Celos, la envidia, la competencia desleal, la falsedad, la estafa, la infidelidad, la sexualidad descontrolada, las obsesiones y las manías, las fobias y los malos deseos, la brujería y la palabrería, de la hipocondría y de la inmadurez eterna.

Quizá sea el más humano de los demonios, pues se encuentra siempre latente en todas las almas, las pasiones, las emociones y los sentimientos, y hasta en las mascotas que nos imitan y en los simios, nuestros hermanos, los celos y el hambre son primordiales para su supervivencia y comportamiento.

Con todo, este demonio puede parecer una buen ser, romántico y poético, detallista y enamorado amablemente, aunque en realidad es frío y calculador, nada humilde, orgulloso y autosuficiente.

También parece un buen anfitrión y servidor, pero todo lo hace por comodidad, interés o para ahorrarse trabajo o dinero, al cual adora, aunque casi nunca lo tiene, por lo que además es tacaño y miserable hasta consigo mismo, o derrochador cuando no le cuesta ni le duele.

Lo curioso es que a pesar de todo puede ser muy atractivo o seductor, y hasta famoso y reconocido de alguna manera.

DEMONIO MORADO

Es el demonio de la locura, las malas artes y las

peores emociones y sentimientos, siempre vaticina el mal tiempo y lo peor por suceder, y, sin embargo, mueve a lástima de cara a los demás que sufren nada más de percibirlo en el entorno.

Por eso es el demonio de las lágrimas y los sufrimientos, de la envidia soterrada y del odio avieso que no se atreve a atacar, pero que traiciona y miente cuando puede y en el peor momento.

También es demonio de la brujería y de los partos, de las buenas intenciones que nunca llegan a nada, y de las falsas promesas de salvación o curación.

Con todo, es un demonio con grandes conocimientos, sensibilidad, intuición y visión de presente, pasado y futuro, por lo que a menudo se encuentra en iglesias, templos, centros de culto, casas abandonadas y entre magos, monjes y clérigos, sin darse cuenta de sus propios males y defectos.

Es un demonio muy resistente, y muy difícil de echar fuera del alma una vez que se ha asentado en ella, porque el sufrimiento es un alimento seguro y duradero, no como la felicidad o la alegría, que duran solo un momento.

DEMONIO GRIS

Normalmente es el demonio de la muerte, o de la cercanía de la muerte, que aparece en el velo de los ojos de las personas que están cercanas a morir.

Poco se sabe de él, solo que siempre está presente, listo para observar cuando las almas salen de los cuerpos.

Hay quienes pueden presentirlo o verlo, porque en cierta manera, al ser seres mortales, todos lo llevamos dentro.

DEMONIO NEGRO

Suele ser la misma Encarnación del Mal, ausente

de todo lo humano y lo divino, frío como el hielo, indiferente e ignorante de lo que los dioses y humanos consideran verdadero o importante.

Todavía no es Satanás ni Lucifer, pero bien podría ser el origen de todos los diablos que habitan el universo, que ni siquiera son malos de verdad, sino que son ajenos a las divinidades y a la humanidad, y la desprecian, o son tan indiferentes a sus logros y a sus fracasos, que da miedo nada más de pensar en ellos.

El demonio negro es sabio, tan sabio que nadie puede comprenderlo.

Su poder es infinito, pues mucho más grande que la luz, pero no lo ejerce en nada de lo que conocemos, porque, en cierta manera, ni siquiera lo vemos y nuestra mente y nuestros sentidos no nos dan para comprenderlo, y de tan desconocido y de tan diferente, nos llena de terror y de miedo.

Por eso es que al demonio negro también se le conozca como El Abismo de Terror que atrae e incita al miedo.

DEMONIO BLANCO

Es el demonio de la más tierna infancia, de la inocencia, de la castidad y de la pureza, pero, como dicen las leyendas, también es el más fácil de manchar, de mancillar, de llevar al pecado, de manipular, de adoctrinar, de enseñarle lo malo como bueno y lo bueno como malo, pues el demonio de la ignorancia primaria que no sabe descifrar las palabras, los sentimientos y los pensamientos de los demás, aunque sí sus acciones, las que a menudo también malinterpretan, pues carecen de lucidez y de experiencia.

Hay quien asocia a este demonio con la muerte total, el limbo o el traspaso de una vida a otra, la de antes de esta vida y la postrera una vez que hemos muerto.

Estos demonios primigenios en realidad no son "malos", sino que son universales desde la prehistoria porque forman parte de la naturaleza humana e incluso de la Naturaleza, y están por todos lados, en el exterior y en el interior, en los actos cotidianos tanto como en el pensamiento y en los sentimientos.

Nadie los ignora, y no hace falta estudiar para saberlos porque los experimentamos a cada momento de nuestra existencia y forman parte del conocimiento profundo de la humanidad desde el principio de los tiempos, mucho antes de que les diéramos nombre a los colores, y desde mucho antes de que los convirtiéramos en dioses o demonios por intereses jerárquicos.

Siguen presentes en nuestras intuiciones y percepciones, aunque no los nombremos, están ahí, con nosotros, y podemos mejorarlos y sublimarlos, para que en lugar de ser "malos demonios" se conviertan en "ángeles buenos".

Todo depende de nosotros, de nuestra consciencia, de nuestra evolución y de nuestro conocimiento.

IX
LOS INFIERNOS DE DANTE, Y OTROS MÁS

¿Ir al Infierno?
El Infierno está vacío,
todos los demonios
están en este mundo.
WILLIAM SHAKESPEARE

Para muchos *La divina comedia* de Dante es una obra maestra de la literatura, mientras que para unos pocos no es más que propaganda adoctrinadora pagada por la Iglesia Católica, no en vano el poeta va acompañado de Virgilio, el que inventó la mítica historia y fundación de Roma, pagado por Octavio Augusto.

Satanás no castiga a los malos por órdenes de Jehová, sería un contrasentido que el Diablo Mayor captara almas para enaltecer a su tradicional enemigo; en todo caso lo haría para tener un ejército capaz y poderoso que tuviera el poder de enfrentarse y derrotar a las huestes celestiales durante el Apocalipsis, y así abrir las puertas del infierno y gobernar al mundo plácidamente durante mil años.

Tampoco crearía nueve círculos infernales para atormentar a las almas que cometieron unos pecados a veces ridículos, y siempre en línea con lo que señalaba la Iglesia a finales del Medievo.

Los siete pecados capitales que llevan a los católicos irremediablemente al infierno son poco consistentes, y más diseñados para adoctrinar a los pobres que a los ricos:

-Puedes odiar con cólera e ira a los blasfemos, incluso matarlos, pero no a los buenos y serviciales católicos.

-Puedes comer las más ricas viandas, pero sin gula.

Total, lo que te deje el señor feudal siempre será magro y frugal.

-Puedes fornicar con todos y todas, siempre y cuando no lo hagas con lujuria, y es mejor que lo hagas para traer niños al mundo, dentro del matrimonio, y más con cierto asco que con deseo.

-Puedes ahorrar un poco, pero no de más, porque hacerlo no te va a servir de nada en tu pobre crapulencia, y además si lo haces puedes caer en el vicio de la tacañería y el pecado de la codicia. Tus ambiciones deben ser servir a dios y al patrón, nada más.

-Puedes desear ser un poco mejor, pero no demasiado, no vaya a ser que estés copiando al vecino o al patrón, y, por tanto, cayendo en el feo vicio y pecado de la envidia. Cierra los ojos al lujo o el bienestar ajeno, a las mujeres hermosas que no sean tu obligada esposa, porque si los abres puedes envidiar lo ajeno y convertirte sin querer, o queriendo, en reo de condenación a los infiernos de Dante por toda la eternidad.

-Puedes sentirte orgulloso, y hasta soberbio, de tu dios, patria y gobierno, e incluso de tus héroes, pero no de ti mismo, porque sería pecado hacerlo.

-Puedes descansar unos minutos al día, y algunas horas en la noche, pero sin pereza, en pleno estrés y ansiedad, pensando siempre en el trabajo y en hacer más rico al patrón, adorando a dios y sin tiempo para ti mismo.

-Incluso si eres indiferente a lo que pasa en el mundo y no te posicionas a favor de los "buenos" como manda la Sacrosanta Madre Iglesia, irás a uno de esos infiernos a pudrirte para siempre jamás.

-Si no te comportas como dice un tal dios, estás condenado.

-Si no crees en tantos absurdos, estás condenado.

-Si lees la Biblia entera y descubres que Jehová era un loco desalmado, estás condenado.

-Si innovas, descubres, inventas o mejoras cosas de las artes y las ciencias, estás condenado.

-Si no amas a tu dios, a tu rey y al Papa de Roma, estás condenado.

-Si robas y se dan cuenta que has robado, estás condenado, pero si te corrompes con grandes cantidades de joyas, lujos y dinero, siempre puedes comprar una bula papal a buen precio y así acceder al Cielo.

-Solo si obedeces y crees supina y sinceramente, además de ir a misa y pagar tu diezmo, portándote bien, siguiendo los diez mandamientos y evitando los pecados capitales, quizá seas uno de los pocos premiados con la salvación y redención cristianas y tengas así la lejana oportunidad de subir al Cielo para seguir siendo un simple y humilde sirviente del Más Alto.

¡Hermoso mensaje el de Dante!

LOS NUEVE INFIERNOS

Los nueve círculos infernales que Dante describe en verso mientras persigue a su amada Beatriz, la cual nunca lo quiso ni hizo caso, son los siguientes:

-Primer círculo: Limbo, a donde van todos los muertos que no han sido bautizados, los que nacieron fuera o antes del cristianismo, como Sócrates, a la espera de ser juzgados para ver si son condenados o reciben la salvación el Día del Juicio Final, si pasan por el Purgatorio ("aquellos que se arrepintieron y oraron antes de fallecer se encuentran en el Purgatorio, donde deben expiar sus culpas. En el Infierno se encuentran quienes justificaron sus pecados y no se arrepintieron"), o si son condenados de inmediato al infierno por sus pecados. También se hallan ricos virtuosos, sabios prominentes, y descreídos importantes, que padecen en el limbo el terrible "deseo insatisfecho de conocer a dios", según Dante.

-Segundo círculo: donde van los que han cometido el pecado de la lujuria, "los que someten su razón a los impíos deseos", los incontinentes, para ser arrastrados por el terrible viento infernal que los sacude eternamente, dejándolos caer y volviéndolos a levantar sin descanso.

Segundo Círculo del Infierno

Todos los adúlteros de la Historia se encuentran en el segundo círculo infernal, a la vista del poeta, y seguramente los miles de millones de adúlteros y adúlteras que en el mundo han sido, incluidos Papas, curas y gente de lo más normal, por lo que en la actualidad ya no debe caber ni una aguja.

-Tercer círculo: Donde caen los que han sido devorados por el pecado de la Gula, a los que, además de privarlos de todo alimento, se les mantiene bajo una feroz lluvia de agua y granizo, que tan bien iría en estos tiempos de pertinaz sequía.

Tercer Círculo del Infierno

-Cuarto círculo: Donde se encuentran los reos de la Avaricia, y también los pródigos, es decir, los que derrochan, gastan de más, son demasiado generosos o tienen y acumulan tanto que no saben qué hacer con sus bienes materiales, lo que a primera vista no parece pecado alguno, aunque en la época de Dante esos excesos, en lugar de ser derrochados o favorecer a terceros, debían ir a las santas arcas de la Madre Iglesia.

La pobreza franciscana estaba de moda, exceptuando a la Iglesia, los reyes, los obispos y, por supuesto, los Papas.

Cuarto Círculo del Infierno

En este reducto del infierno los condenados, que siempre han sido pocos, se cruzaban y se injuriaban, los ávaros insultaban a los generosos, y los generosos maldecían a los ávaros, y así por la eternidad entera.

-Quinto círculo: Donde iban a dar los pecadores de Ira y de Pereza, que no parecen tener mucho en común, pero ese lugar les destino el poeta, con un fango en el que luchaban entre sí como podían los iracundos, a mordiscos si era preciso, mientras los perezosos se mantenían bajo el agua enfangados todavía deprimidos, lentos, desidiosos y negligentes, sin luchar en absoluto contra su condición.

En este círculo el más allá no era muy distinto de la vida terrestre, y la depresión, la falta de alegría y el sinsentido de existir, que alguna vez fue el octavo pecado capital, se empataba con la pereza, aunque en realidad no tienen nada qué ver, pues hay depresivos muy activos y perezosos que no sufren depresión alguna.

El Quinto Círculo Infernal

-Sexto círculo: Para los que cometieron en terrible pecado de ser libres pensadores a los que eso de la divinidad y sus infiernos les parecían una verdadera grosería absurda para espantar a los ignorantes, los ingenuos y los niños, es decir los que practicaban el terrible acto de la Herejía.

Sexto Círculo del Infierno

Qué mayor pecado que no creer en los dogmas y misterios de la religión católica, en sus dioses jerárquicos que prometían imposibles, además de ser bastante incultos en artes y ciencias, a los que se les debía creer cualquier fábula, engaño o clara mentira, porque los caminos del Señor eran inescrutables.

Quemar en la hoguera a los ateos, y de paso a las brujas que ni siquiera eran brujas, estaba de lo más justificado, y por eso eran condenados a pasar la eternidad dentro de un ataúd en llamas.

-Séptimo círculo: Donde no podían descansar los que se habían dejado llevar por el pecado de la Violencia. Un círculo algo complejo porque tiene varios anillos, el anillo exterior estaba vigilado por centauros que nada tienen que ver con el catolicismo, pero que en este anillo evitaban con sus flechas que los violentos y criminales que habían matado a otro creyente, escaparan, aunque, la verdad, tampoco tenían dónde ir, solo descansar un poco del hirviente río de sangre en el que estaban metidos para toda la eternidad, junto a caciques y tiranos que no eran creyentes, porque los que mataban en nombre de Dios, de la Patria o de la Iglesia estaban lógicamente perdonados y hasta alabados como santos.

En el anillo del medio se encontraban los suicidas, carcomidos por arpías y atormentados por su propio acto de maldad, matarse a sí mismos, cuando el final de la sagrada vida solo correspondía a Dios, o a Samael en su defecto, pero no a la persona en cuestión, pues ningún humano era dueño de su propia vida.

Los suicidas no tendrían posibilidad de remisión ni arrepentimiento el Día del Juicio Final, pues no merecían ni siquiera ser juzgados.

En el anillo interior había todo tipo de violentos y violentadores, desde los sodomitas y pérfidos homosexuales, aunque alguno de ellos talentoso, hasta los banqueros, o usureros; los que escandalizaban con su feo y desagradable comportamiento; los diferentes que no se integraban y asimilaban a los normales; los que proferían maldiciones o blasfemias; los que criticaban y se burlaban de las jerarquías, cualesquiera que éstas fueran; y, en una palabra, los que iban contracorriente.

Estos últimos están condenados a pasar la eternidad en un desierto de arenas ardientes y bajo una lluvia de fuego.

-Octavo círculo: El lugar de los que cometieron algún Fraude, y ante tanto pecador al Diablo no le quedó más remedio que construir diez fosas al lado del río de sangre, Flegetonte, por donde deambulan los violentos, pero sin unirse a ellos.

Octavo Círculo Infernal

En estos fosos hay de todo: estafadores, tramposos, delincuentes, seductoras y seductores, aduladores, los culpables de vender bulas, reliquias, ungüentos, pócimas, venenos y similares, hechiceros, magos, brujos y falsos profetas, monjes y sacerdotes desviados, los políticos corruptos (o sea, todos), los funcionarios ladrones, los hipócritas (la humanidad entera, o casi), los ladrones, los consejeros malvados, los oportunistas, las aprovechadas, los parásitos sociales, los que viven de sus defectos al despertar compasión o lástima en los otros, y, en fin, todos los embaucadores habidos y por haber.

Todos ellos están divididos por secciones hasta llegar al fondo del Infierno, con demonios guardianes en cada fosa, serios, honrados y adustos, que no se dejan engañar por los embaucadores, quienes, para más precaución, están enterrados en el lodo ardiente boca abajo, y así su pérfida labia y palabrería no se pueden oír.

-Noveno círculo: Donde van a parar los habituales de la Traición, sobre todo aquellos que abusaron de la confianza de un ser querido, marido, esposa, familiar, jefe, patrón, socio o amigo, pues es el peor de todos en la lista de Dante y el que más castigo recibe: un castigo helado de hielos eternos de donde no hay salida ni redención posible.

Noveno y último Círculo Infernal

También están los indiferentes que no se ponen del lado de los "buenos", porque es tanto como ponerse del lado de los "malos", y, por supuesto, los cómplices que callan o que ayudan a que la traición se lleve a cabo.

Dante pone aquí a Satanás en el centro de las cuatro rondas o giros del círculo infernal, como el ejemplo de traidor mayor, aunque no hay escritura que lo sustente.

No podía faltar Lucifer, por rebelde y desobediente, acompañando a Bruto, Judas y hasta Ptolomeo, e incluso a Caín, aunque Jehová nunca lo señaló como traidor, con lo que hace una diferencia entre Satanás y Lucifer, cuando seguramente sus lectores pensaban que Satanás y Lucifer eran el mismo.

Popularmente es san Miguel Arcángel quien cuida las puertas del Infierno católico, y que, por eso en el día de san Miguel, 29 de septiembre, el buen guerrero descansa y el Diablo, Satanás, Lucifer, Luzbel o Mefistófeles, sale del Averno y se dedica a hacer todo tipo de maldades.

Para otros es Uriel Arcángel, el descarnado, quien se ocupa de esa tarea; pero tal y como va el mundo desde hace unos doce mil años, Satanás entra y sale del Infierno cuando quiere.

Al final Dante sale airoso del Infierno como Orfeo o Hércules, dejando a Beatriz camino del Cielo, para que el desplante amoroso sufrido no parezca tan amargo, porque Dante, a pesar de todo, era un romántico incluso antes de que se inventara el romanticismo, pero no realmente un comediógrafo, y eso que la comedia llevaba inventada varios siglos.

OTROS INFIERNOS
¿Quién construyó este infierno o infiernos, Satanás o Jehová?

¿Los dos?

¿Ninguno de los dos?

Obviamente fue Dante, despechado y enamorado,

que llenó los círculos infernales de los nombres de amigos, conocidos, famosos y personajes históricos, como crítica o revancha, pero con la clara intención de que los fieles católicos creyeran que tras la muerte existen sitios así de enajenados, dementes y crueles, para solaz venganza del Señor y promovidos por el Diablo en persona.

INFIERNO JUDÍO

El Infierno Judío se llama Gai Ben Hinom, mejor conocido como Gehena o Sheol (según la fuente), y no se parece casi en nada al Infierno Católico, y mucho menos al de Dante.

Se parece más al Hades griego, pues es un lugar gris oscuro y de tristeza, donde los pecadores, y hasta los no pecadores, pueden pasar desde un año hasta toda la eternidad, dependiendo si son, o no son, redimidos y perdonados.

Para unos es más una especie de purgatorio donde los muertos esperan el Día del Juicio, y para otros un verdadero infierno que castiga sobre todo a los malvados y es una prueba de selección para los buenos.

El amigo Hans, judío askenazi, me dice que los judíos no creen ni en el Cielo ni en el Infierno, sino en que en el más allá nos encontramos con nosotros mismos: "en lo que somos y en lo pudimos haber sido", lo que puede ser un consuelo o un desconsuelo, tanto para justos como para pecadores, porque es casi imposible no pecar en la vida terrena, que lo del Cielo y el Infierno para los judíos son creencias fútiles de la antigüedad o del Medievo.

Además, como pueblo elegido los judíos siempre están y estarán más cerca del Señor que nadie, en esta y en la otra vida.

Maimónides, filósofo sefardí del Medievo, dijo: "En el Mundo Venidero no hay comida, bebida ni intimidad sexual; más bien los justos se sientan con sus coronas sobre la cabeza y disfrutan del resplandor de la presencia de Dios," y los injustos no del todo, pues no tienen corona.

Como algunos protestantes y calvinistas, los judíos ortodoxos dicen que no hay que preocuparse por el Cielo o el Infierno, porque el Señor ya ha decidido desde antes de nuestro nacimiento el destino que tendremos, y que no podemos hacer nada por cambiarlo, por lo que con creer en Dios y su infinita sabiduría es suficiente para no recibir ningún castigo eterno.

INFIERNO MUSULMÁN

Por cuestiones cronológicas el Infierno Musulmán es mucho más tardío que los infiernos semíticos, católico y judío, y, en algunos casos tiene más referencias persas, árabes y turcas, que semíticas.

A este infierno se le llama Yahannam, y al Paraíso "Yanna".

El Infierno mismo no es lo peor de todo, pues para llegar a él se necesita ser creyente de Jehová o de Mazda o de cualquier otra superchería, como mínimo, porque los verdaderos ateos caen a las llamas eternas para siempre cuando cruzan por el puente que va a Yahannam.

Yahannam consta de siete niveles:

-Yahim, el lago de fuego eterno para los peores.

-Yaliya, para todos los idólatras, que adoran figuras y dibujos, prohibidos por el Corán, del culto o la religión que sea.

-Sa'ir, para los adoradores del fuego y supersticiones varias.

-Saqar, para los que no creen en Alá, pero sí en un Dios Superior, que al fin y al cabo será Alá igualmente.

171

-Ladha, donde son enviados los judíos, aunque algunos por línea de Abraham o de Ismael pueden salvarse.

-Hawiya, para los católicos y los cristianos, incluidos sus profetas.

-Hutama, para aquellos que no son buenos devotos y no han cumplido con el Corán y sus leyes.

El ángel Malik, con sus 19 guardianes, cuida de que nadie escape del Infierno.

En Yahannam, con 19 puertas y cien ventanas, casi todos tienen posibilidad de ser perdonados y redimidos si se entregan y reconocen a Alá como su único y verdadero Dios, y así poder ir a Yanna, el Paraíso, donde les espera todo un mundo de alegría, abundancia, fe y felicidad.

La crueldad de todo Infierno

En Yahannam las 72 huríes perfectas creadas por Alá, están reservadas para los héroes que han dado su vida por el islam.

Por tanto, el peor de los infiernos (exportado a China en tiempos del budismo chino sobre el siglo XII de la era común), es el católico, y el peor y más cruel de los infiernos católicos, es sin duda el de Dante.

TRAS LA PUERTA DEL INFIERNO DE DANTE HAY UN LETRERO QUE DICE:

"Es por mí que se va a la ciudad del llanto,
es por mí que se va al dolor eterno
y al lugar donde sufre la raza condenada,
yo fui creado por el poder divino,
la suprema sabiduría y el primer amor,
y no hubo nada que existiera antes que yo,
abandona toda esperanza si entras aquí".

Palabras del mismo Satanás, Diablo o Lucifer, o simplemente de un inspirado Dante, para mantener en auge a una religión a través de la amenaza, la desesperanza, el miedo al más allá y el temor presente a Jehová-Dios, que al fin y al cabo era quién determinaba este tipo de castigos simple y llanamente por no creer en él y haber nacido antes que Cristo, entre otras menudencias.

Por supuesto, los bebés recién nacidos y los infantes que no han sido bautizados, pueden ir directamente al purgatorio o al infierno, depende el caso, incluso los adolescentes sin confirmar o las personas adultas que no han ido a misa o a confesarse después de haber cometido un pecado.

X
LOS PARAÍSOS CELESTIALES

*Todo aquel que pretende
aligerar mi alma,
curiosamente empieza
por aligerarme la cartera.*
WOODY ALLEN

No son pocas las religiones que prometen, de una o de otra manera, la salvación del alma, la liberación del espíritu y hasta el goce de cuerpo entero una vez que hayamos muerto.

Creer en un dios en particular parece del todo imprescindible para acceder a dicha salvación, aunque con el tiempo casi todas las religiones aceptan a la sabiduría personal como salvoconducto para pasar al próximo nivel, incluso si esta sabiduría es más atea que creyente, pues se puede ahorrar todos los rituales y dogmas, pero no la última chispa de fe o creencia en lo trascendente que abrigue su alma.

Los nihilistas que de verdad no creen absolutamente en nadie ni en nada, están condenados para toda la eternidad prácticamente en todas y cada una de las religiones, sectas, cultos y similares.

EL PARAÍSO CELESTIAL CATÓLICO
Dentro del catolicismo las puertas del Cielo y, por ende, de los paraísos celestiales, están guardados por San Pedro por mandato del Mesías; antes de este mandato, era Jehová en persona el que tenía las llaves del reino y hacía de portero celestial.

Los que pueden entrar por su fe, castidad o santidad, o por haber pagado a la Iglesia su pase, son convertidos en una especie de ángeles, pero sin alas ni albedrío para andar de un lado para otro en el Cielo, y sin permiso para bajar a la Tierra, aunque a algunos

175

se les permite ver desde lejos lo que pasa en el mundo o visitar en sueños a sus familiares, pero nada más.

Pueden visitar algunas partes del Cielo y gozar de la presencia o resplandor del Señor, como los judíos en su propio firmamento, pero no pueden formar parte del Coro Celestial hasta nueva orden.

Las Puertas del Paraíso Celestial

Durante un tiempo se creyó en una especie de reencarnación, pero no al estilo hindú, sino a una forma de volver a la vida para buscar la redención a través del bautismo, la fe y la fidelidad, más que para lavar los pecados, pues esos ya habían sido limpiados por la sangre de Cristo.

La influencia griega, a la que eran muy afectos los guionistas de la vida mítica de Jesús, permitía una especie de metempsicosis o transmigración de las almas, incluso un resucitar de entre los muertos con todo y cuerpo, y no solo para el Día del Juicio Final, sino para volver a experimentar el estar vivos.

Con el tiempo estas ideas de que el Hades (al que consideraban la muerte) y no Tanatos (que es la verdadera muerte) sería impotente contra santos e iglesias se fueron diluyendo poco a poco, hasta señalar como eterna solo a la Iglesia fundada míticamente por San Pedro, y no por Lineo, el primer Papa oficial.

En un principio Cristo era el único que daba el pasaporte (o la visa) para ingresar al Cielo, pero poco a poco este acto de funcionariado recayó incluso en los curas de pueblo o en los monjes avispados, tras la consecuente limosna y confesión, para poder recibir las indulgencias, los santos óleos, o la extremaunción, en el lecho de muerte.

Las penitencias en vida y después de confesarse tras asistir al servicio religioso dando una pequeña limosna al sacristán, eran más baratas, y sencillas al tener que recitar solo tres aves marías y dos padres nuestros, pero tenían el mismo poder de visado para entrar al Paraíso Celestial, que si las diera el Papa, un Obispo o el mismo Jesús, y que el arrepentimiento de último momento justo antes de entregar el cuerpo al Creador, porque pasaban de inmediato al Libro de San Pedro, y ahí quedaba asentado el nombre de la persona que se había confesado y quedaba limpia de pecado, aunque fuera una bruja malvada o un asesino sin escrúpulos.

Si no había un cura o monje a la mano, siempre se podían rezar las oraciones de desagravio y penitencia que se habían aprendido, a fuerza de repetirlas, en la catequesis o en la iglesia:

PERDÓN

Dios mío, estoy arrepentido
de todo corazón
por haberos ofendido.

Detesto todos mis pecados
que causan tus padecimientos,
pero sobre todo porque te ofendo,
Mi Dios,
que eres todo bondad
y merecedor de todo mi amor.

*Me propongo firmemente,
con la ayuda de tu gracia,
no volver a pecar
y a evitar
todas las ocasiones de pecado.
Amén.*

Aunque las advocaciones de la Virgen María fueron consideradas satánicas por largo tiempo, lo mismo que la adoración a los ángeles, unas cuantas Ave María pueden abrir las puertas del paraíso:

AVE MARÍA

*Dios te salve María,
llena eres de gracia,
el Señor es contigo.*

*Bendita eres
entre todas las mujeres
y bendito es el fruto
de tu vientre, Jesús.*

*Santa María, Madre de Dios,
ruega Señora por nosotros,
los pecadores,
ahora y en la hora
de nuestra muerte.
Amén.*

Un Padre Nuestro, del cual hay diferentes versiones y se puede encontrar hasta en arameo, aunque su origen bien pudo ser griego, nunca está de más como penitencia que permita salvar el alma y llevarla al Paraíso Celestial:

PADRE NUESTRO

Padre nuestro que estás en los Cielos,
santificado sea tu nombre;
venga a nos tu reino;
hágase tu voluntad,
así en la Tierra como en el Cielo.

Danos hoy el pan de cada día;
y perdona nuestras ofensas
así como también nosotros
perdonamos a nuestros deudos;
mas no nos dejes caer en tentación,
y líbranos de todo Mal.
Amén.

Una de las oraciones más potentes, emocionalmente hablando, es el Yo Pecador, pues está llena de arrepentimiento y de consciencia de que el ser humano es débil, falible y, por ende, pecador contumaz de pensamiento, obra, palabra u omisión:

YO PECADOR

Hoy yo confieso,
ante Dios Todopoderoso,
y ante ustedes,
hermanos,
que he pecado mucho
de pensamiento, palabra,
obra y omisión.

Por mi culpa,
por mi culpa,
por mi grandísima culpa.

Por eso ruego a Santa María,

siempre Virgen y Madre de Dios,
a los Ángeles, a los Santos
y a ustedes, hermanos,
que intercedan por mí
ante Dios,
nuestro Señor.
Amén.

Una de mis oraciones favoritas, por su poder como fórmula mágica de protección que bien puede otorgar las Llaves del Reino, según los mormones, es el Padre Celestial:

PADRE CELESTIAL

Padre Celestial,
en el nombre de tu Hijo,
nuestro señor Jesucristo,
te pido:

Que perdones todos
mis pecados,
y los pecados de los míos,
para que seamos salvos
y podamos estar
el Día del Juicio contigo.

Por mi parte prometo
serte leal y fiel,
alejado del Mal,
para mayor gloria
de tu santísima fe.

Gracias te damos Señor
por escucharnos
y por los bienes concedidos.
Amén.

Toda penitencia, señalan desde el Opus Dei, popular congregación española, debe hacerse de corazón, con verdadero arrepentimiento, oración, meditación, ayuno y, sobre todo, una buena limosna, por lo que solo rezar en la misa o en soledad, no basta:

ORACIÓN DE ARREPENTIMIENTO

Lava todos mis pecados
y limpia mi boca
y mis pensamientos
de la suciedad
que se ha derramado
en mi corazón ennegrecido.

Señor,
vengo con humildad de corazón
y quebrantamiento de espíritu,
y rezo y agradezco
que en tu misericordia
enviaste a Jesús,
TU UNIGÉNITO,
a ser el precio por mis pecados.
Amén.

La penitencia es indispensable para purgar los pecados en la religión católica, que de cristiana tiene poco, y atañe a todos los números de la congregación, desde los recién nacidos hasta los más ancianos, pues nadie está libre de pecado en este mundo, ya sea por el pecado sexual original (cosas de la satánica reproducción biológica), o por los pecados acumulados a lo largo de la vida, si bien es cierto que muchas personas ancianas ya han dejado de pecar hace lustros tanto por madurez de mente y de alma, como porque su cuerpo y su organismo ya no pueden pecar.

El bautismo es esencial.

La confirmación es esencial, aunque cada vez se practica menos.

Cumplir con los sacramentos bajo el manto y reconocimiento de la Santa Madre Iglesia (como el matrimonio), es esencial.

Asistir regularmente a misa, es esencial.

Bendecir cada día, los alimentos y el aire que respiramos gracias a Dios, es esencial.

Tener fe, esperanza y caridad, es esencial.

Reprimir la lascivia, es esencial, incluso en la edad anciana que no puede pecar ya de acto, pero sí de palabra, omisión y sucio pensamiento.

Cumplir con los Diez Mandamientos (aunque sean 152 las prohibiciones de Jehová), es esencial, que son los mismos para todo el judeocristianismo:

I *«Yo soy el Eterno, tu Dios, quien te sacó de la tierra de Egipto, de la casa de la esclavitud. Me amarás por sobre todas las cosas».*

II *«No tendrás ni reconocerás a otros dioses en mi presencia fuera de mí. No te harás una imagen tallada ni ninguna semejanza de aquello que está arriba en los cielos, ni en la tierra, ni en el agua, ni debajo de la tierra. No te postrarás ante los ídolos, ni los adorarás, pues yo soy el Eterno, tu Dios, el único Dios, quien tiene presente el pecado de los padres sobre los hijos hasta la tercera y cuarta generación con mis enemigos; pero quien muestra benevolencia con miles de generaciones a aquellos que me aman y observan mis preceptos».*

III *«No tomarás el nombre de El Eterno, tu Dios en vano, porque El Eterno no tendrá por inocente al que tome su nombre en vano».*

IV *«Recuerda el día Sábado para santificarlo. Seis días trabajarás y harás toda tu labor; mas, el séptimo día es sábado (Sabbat) para el Eterno, tu Dios; no harás ninguna labor, ni tú, ni tu hijo, ni tu hija, ni tu siervo, ni tu sirvienta, ni tus bestias de carga, ni el extranjero que habita dentro de tus murallas, pues en seis días el Eterno hizo los cielos y la tierra, el mar y todo lo que hay en ellos, y el séptimo día descansó. Por eso, el Eterno bendijo el día de Sabbat y lo santificó».*

V «Honra a tu padre y a tu madre, para que se prolonguen tus días sobre la tierra que el Eterno, tu Dios, te da».

VI «No matarás».

VII «No cometerás adulterio».

VIII «No robarás».

IX «No brindes contra tu prójimo falso testimonio».

X «No codiciarás los bienes ajenos. No codiciarás la casa de tu prójimo; no codiciarás la mujer de tu prójimo, ni su siervo, ni su sierva, ni su buey, ni su asno, ni nada que sea de tu prójimo».

Cuya versión popular y simplificada desde que la propusiera San Agustín, es:

I Amarás a Dios sobre todas las cosas.

II No tomarás el nombre de Dios en vano.

III Santificarás las fiestas.

IV Honrarás a tu padre y a tu madre.

V No matarás.

VI No cometerás actos impuros.

VII No robarás.

VIII No darás falsos testimonios ni mentirás.

IX No consentirás pensamientos ni deseos impuros.

X No codiciarás los bienes ajenos.

Si cumples con todos preceptos y mantienes tu fe en Cristo, que al fin y al cabo es el mismo Jehová reencarnado en mejor persona, no deberías tener problemas para entrar en el Paraíso Celestial Católico, a menos de que cometas un pecado de último momento, sin querer o queriendo, y no logres confesarte ni pedir perdón antes justo antes de tu muerte.

PARAÍSO MUSULMÁN

Aunque parezca anti intuitivo, el Paraíso Musulmán, Yanna, es mucho más accesible que el católico, porque todos los seres humanos que no han llegado a la adolescencia son bienvenidos sin importar su religión o creencias, ni su comportamiento en esta Tierra.

En Yanna los adultos que hayan seguido la ley de Alá descrita en el Corán, tendrán todo tipo de alegrías y placeres durante toda la eternidad, y no solo el esplendor de Alá ni una existencia aburrida cantando alabanzas, que bastante tendrán con seguir rezando cinco veces al día, con el resto del tiempo a su disposición, con la única diferencia de ciertas jerarquías, pues ni en el más allá es lo mismo ser un pobre mercader de frutas que un profeta o un Imán reconocido por su santidad.

Paraíso Musulmán

Son siete los niveles en el Jardín (Yanna) del Edén, y no se llega a él, se vuelve, pues del Paraíso venimos y al Paraíso vamos, que es lo mismo que decir de Alá venimos y a Alá volvemos:

-La vida solo es un paseo entre la ida y la vuelta.

-Al llegar a Yanna los ángeles te reciben con palabras de paz, amor, tranquilidad e incluso te agasajan con flores y regalos si has sido de los alabados siempre entregado a Alá.

-En el Paraíso no está nada prohibido y no hay moral ni vergüenza.

-Los héroes del islam disfrutan por lo menos de 72 vírgenes, y el resto de varias, con una sexualidad mil veces mejor que la sexualidad terrestre.

-Los profetas, los mártires y los de verdad piadosos moran en el nivel más elevado.

Llegando a Yanna

-Se puede comer y beber de todo, pues en el Paraíso las viandas no engordan y los vinos y licores no embriagan ni hacen perder el sentido.

-El mayor de todos los goces será poder ver a Alá, que sucede de forma periódica y alternativa para que nadie sienta su ausencia.

-Las casas son hermosas, unos verdaderos palacetes, para disfrutarlos como el propio y verdadero hogar para siempre jamás.

-El clima es siempre templado y agradable.

-Hay pabellones con huríes (vírgenes perfectas) para satisfacerte siempre que lo desees.

-Todos tienen la apariencia de jóvenes de 33 años, y, por supuesto, son bellos y altos, sin enfermades, defectos o taras.

-Si los amigos y familiares también han vuelto al Edén, se pueden visitar y mantener en el Paraíso los buenos lazos que mantenían en la Tierra.

-Nadie tiene que trabajar o hacer esfuerzo alguno para poder comer, ya que hay ríos de leche, de miel y de vino, además de todos los frutos, carnes y postres al alcance de la mano.

Para acceder a Yanna en la edad adulta, preferentemente se ha de ser musulmán, y, si es posible, aunque no obligado, ser hijo y nieto de musulmanes:

-Creer en Alá como único y superior dios.

-Creer que Mahoma es su profeta.

-Creer en el Día del Juicio Final.

-Creer en el Corán como palabra de Alá, dictada por el Arcángel Gabriel al profeta Mahoma.

-Y, sobre todo, nunca rechazar a un profeta de Alá, lleve la vida que éste lleve.

Ese es el Paraíso Islámico, y para entrar en él con ser buen musulmán es suficiente, siempre teniendo en cuenta que Alá, el Más Grande, es quien determina finalmente quién entra y quién no entra en Yanna, sin importar si el elegido cumple o no con todos los preceptos del islam ante los ojos de los hombres.

XI
SATÁNICOS Y LUCIFERINOS

*Los "buenos" son siempre
los que ganan;
los "malos" son siempre
los que pierden.
Si quieres ser el "bueno",
¡solo tienes que ganar!*
SATÁN

No importa cómo ni cuándo, pero el ganador se lo lleva todo y se convierte en el héroe, el admirado, el mejor, el emulado, el seguido, el líder, en el más hermoso y en el más carismático, y solo si llega a perder alguna vez y hay un nuevo ganador, pasará a ser el malo, el facineroso, el repudiado.

Con suerte queda en mártir, pero deja de ser el modelo de alabanza.

En la Biblia dicen que Jehová ganó la guerra celestial a pesar de sus defectos, que son varios, pero no importa, es el que se llevó el triunfo, dejando a Lucifer ocupando el lugar del perdedor, del desterrado, del malo, a pesar de sus virtudes, que eran varias, pero tampoco importa mientras sea la figura y el ejemplo del derrotado.

EN EL REINADO DE SATÁN

En algunos cultos satanistas y luciferinos se han desarrollado antievangélicos, anti-tablas de la ley y, por supuesto, anticristos.

Sin embargo hay satanistas y luciferinos que están tan en contra de todo lo judeocristiano, que consideran que hacer anti evangelios, anti tablas de la ley, anti biblias, anti cristos o anti lo que sea, es jugar al mismo juego, repetir lo repetido, un vil reflejo en negativo de lo que hacen las grandes religiones abrahámicas, y que por lo tanto no tiene un sentido racional ni liberador, que es lo que se pretende con el satanismo y el luciferismo bien entendido: libertad de pensamiento, palabra, acción y sentimiento, sin ataduras morales de conveniencia ni dependencias emocionales hacia falsas divinidades; libertad e independencia, con plena responsabilidad de lo que se hace y se deja de hacer, y, por supuesto, de sus consecuencias.

Ninfa y Sátiro, Satán antes de Satán

Satanás no pide nada para estar o visitar su reino, ni siquiera malos actos o pecados, lascivia, malas palabras o malos sentimientos, porque el hecho de haber nacido y estar vivos ya nos coloca en este planeta, que es su casa, su gloria y su infierno, y donde hay de todo, incluso Paraísos Terrenales de verdadero ensueño.

FIGURAS SATÁNICAS EN LA HISTORIA

Antes de que el ser humano aprendiera a escribir, y por tanto de la Biblia y otros textos sagrados, ya existían figuras míticas y legendarias muy cercanas a lo que hoy consideramos satanismo.

Por ejemplo, los Sátiros griegos que habitaban en los bosques y copulaban con las ninfas y con algunas humanas, son la viva imagen de lo que la gente tiene como el Diablo, con cuernos y barba, de piel rojiza por el sol, cuernos y patas de cabra, simpáticos y descarados, promiscuos y traviesos, sin respeto por los avatares de la vida humana, como la castidad y la virginidad, tan funcionales en aquellos tiempos para asegurar la descendencia en línea sanguínea y para evitar enfermedades venéreas.

En la prehistoria toda amenaza a la persona o a la comunidad era considerada un Demonio, al que a veces se le rendía culto, como se le rinde culto al gobierno o a un grupo mafioso, es decir, no por placer y admiración, sino para evitar que nos hagan daño. Tanto ayer como hoy pagamos a los malos para que nos dejen vivir en paz siendo más o menos buenos.

Abraxas, junto con los sátiros griegos, sería el precursor de la imagen del Demonio que tenemos hoy en día, solo que con cara de gallo:

Abraxas

191

Este dios/demonio mítico no tiene fecha real de nacimiento, pues algunos lo sitúan en las culturas árabes, persas, caldeas y asirias, por ejemplo, y otros no lo aprecian sino hasta el siglo II de nuestra era, con unos cuantos miles de años de diferencia.

Por otra parte, no hay que olvidar que la dualidad del bien y del mal en un mismo ser divino era muy común en la antigüedad.

El mismo Jehová era tan terrible como bondadoso, cruel y protector, asesino y perdona vidas, celoso y dadivoso.

Abraxas, según Nietzsche, en su *Así hablaba Zaratustra*, sería ese tipo de dios y del cual, por lo tanto, el superhombre debía liberarse:

"¿No oímos todavía el ruido de los sepultureros que entierran a Dios? ¿No nos llega todavía ningún olor de la putrefacción divina? ¡También los dioses se pudren! ¡Dios ha muerto!"

"Al reconocer en nosotros el fundamento del conocimiento, hemos desplazado a Dios de su puesto privilegiado, con lo que lo hemos llevado a la muerte".

Y, si Dios ha muerto, el único que queda como rey de la creación es el hombre, según algunos utopistas que ven en el hombre buena simiente, y si no Satanás, como amo y señor de este planeta, porque los seres humanos con dios o sin dios no saben atarse los zapatos.

EN EL MEDIEVO

La figura "clásica" de los diablos y demonios sufrió varias transformaciones en el Medievo, hasta quedar como lo conocemos, obligando a quitarle los cuernos (¿rayos que emergían de la frente?) en el Renacimiento a muchas estatuas que ahora se parecían más al Diablo que a Moisés, por ejemplo:

Moisés con cuernos

Algunas leyendas señalan que Moisés sí se volvió contra Jehová por no permitirle entrar en Jerusalén, la Tierra Prometida, una ciudad antigua que ya tenía habitantes (a los que había que pasar por la espada, según Jehová), por haberle dado de beber a su pueblo unos días antes en el desierto unos días antes de cruzar el Jordán.

La leyenda cuenta que en cuanto murió Moisés, Satanás corrió a buscar sus restos para quedarse con ellos, pues, además de utilizarlos como reliquias porque Moisés, aunque algo lento, tímido y tartamudo, era un gran mago, además de ser el ícono salvador de Israel de las garras de los egipcios, también se quedaría con su alma, nada contenta en ese momento con Jehová que le impidió ver la masacre y aposentarse en lo que en el futuro sería el Estado de Israel.

A Moisés su amistad con Jehová le costó mucho, y terminó decepcionado y frustrado al no verse como el primer juez o gobernador de una Jerusalén israelita, por lo que no sería nada raro que se sintiera traicionado y deseara vengarse del que fuera su falso amigo y señor, que solo lo había utilizado para hacerse con la fe de unas cuantas tribus de hebreos, abandonándolo en el último momento y dejar sin premio todos sus esfuerzos.

Quizá por eso los cuernos de sus estatuas y pinturas, a pesar de que algunos digan que eran rayos de poder que salían del pensamiento del buen Moisés, que sacó a los hebreos de Egipto, aunque Jehová se apuntara el triunfo en las Tablas de la Ley de los Diez Mandamientos, para guiarlos (un tanto perdido) durante 40 años por el desierto, con el fin de concienciarlos de que si no adoraban al tal Jehová en lugar de a Baal o al Becerro de Oro, Jehová los mataría, como hizo con treinta mil de los seguidores de Moisés, amenaza que aumenta la fe de cualquiera.

Lo de abrir en dos al Mar Rojo fue sin duda un capricho y una muestra de poder de Moisés, porque bien podría haber llegado a Gaza por el Delta del Nilo sin mojarse apenas los pies.

Moisés era capaz de transformar su báculo en temible serpiente.

Con ese mismo báculo Moisés podía hacer brotar agua de las piedras del desierto.

Moisés era líder de miles de hombres.

Moisés hablaba directamente con Jehová y con sus Ángeles.

Moisés era, en dos palabras, un Mago Poderoso.

¿Vio en él Jehová a un posible futuro enemigo, un Satanás o Lucifer en potencia que con el tiempo podría desplazarlo de su trono y convertirse en el Dios Supremo de los hebreos, primero, y más tarde de los judíos?

Probablemente, así que por eso decidió convertirlo en Mártir Profeta matándolo antes de llegar a su objetivo para coronarse en Jerusalén a costa de los pobres jebuseos.

Moisés se quedó ahí, al otro lado del río, sin poder ver cómo sus seguidores, el pueblo elegido, masacraba a los jebuseos, mientras Jehová se enseñoreaba y se regodeaba del sangriento triunfo.

Por eso Satanás, ni corto ni perezoso, corrió por el alma de Moisés y así empezar su propia lucha contra el altísimo, echando de Jerusalén a los judíos para hacerlos vagar por el mundo cargando con su traición.

El satanismo primitivo puede venir desde entonces, pero sin una buena publicidad y sin un poder como el divino, ha tenido que mantenerse en la sombra hasta 1966, cuando se crea la primera Iglesia de Satán.

LA IGLESIA DE SATÁN

El 30 de abril, bajo el signo del Carnero, de 1966, con un número parecido al número de la Bestia (666), un tal Anton Sandor LaVey, o Szandor, funda la primera Iglesia (abierta) de Satanás en la ciudad norteamericana de San Francisco, California.

Sello de la Iglesia de Satán

Anton de ascendencia judía por parte de madre y protestante por parte de padre, era personalmente ateo, algo muy común en USA, y además fue músico, artista y escritor (*La Biblia Satánica*), a veces algo extravagante para su época, pero con la idea clara de que ni Satán ni Jehová existían como personas, sino como símbolos e íconos culturales, en la que el símbolo de Jehová había llevado a la humanidad a situaciones ridículas, absurdas y peligrosas, ignorantes y convenencieras, mientras que el símbolo de Satanás, siempre crítico, rebelde y libre pensador, había tenido que progresar en las sombras, aunque en cierta complicidad con la hipócrita Iglesia Católica.

El satanismo de Anton proclamaba:

-Satán representa complacencia, en lugar de abstinencia.

-Satán representa la existencia vital, en lugar de sueños espirituales.

-Satán representa la sabiduría perfecta, en lugar del autoengaño hipócrita.

-Satán representa amabilidad hacia quienes la merecen, en lugar del amor malgastado en ingratos.

-Satán representa la venganza, en lugar de ofrecer la otra mejilla.

-Satán representa responsabilidad para el responsable, en lugar de vampiros psíquicos.

-Satán representa al hombre como otro animal, algunas veces mejor, otras veces peor que aquellos que caminan en cuatro patas, el cual, por causa de su "divino desarrollo intelectual", se ha convertido en el animal más vicioso de todos.

-Satán representa a todos los así mal llamados pecados, solo porque llevan a la gratificación física, mental o emocional.

-Satán ha sido el mejor amigo que la iglesia siempre ha tenido, ya que la ha mantenido en el negocio durante todo este tiempo.

Liberar a Satán de ese yugo de intereses y conveniencias, es ser un buen satanista, y todo ello sin recurrir al crimen, la violencia o el mal, porque esas son pulsiones humanas (y animales) que el ser humano debe aprender a superar por sí mismo sin echarle la culpa a los demás, por mucho que estos sean los símbolos de Satán y Jehová.

Salman Rushdie, con sus *Versos Satánicos*, una novela casi de humor y romántica, ofendió a los musulmanes más radicales que lo condenaron a muerte, y desde entonces sobrevive considerado un blasfemo.

Una querida excuñada viajó hasta California para hacerse fiel discípula de la Iglesia Satánica, esperando lo más oscuro del mundo para liberarse de la Iglesia a la usanza española en los tiempos de Franco, y se llevó una gran desilusión cuando la aceptaron sin rechistar y le vendieron varios libros y amuletos, como si se tratara de una Disneylandia satánica y no de una secta oscura dispuesta a quemar vivo al mismísimo Papa de Roma por embustero y ladrón.

Para ella en aquella iglesia no había ningún satanista de verdad, solo uno que otro norteamericano que no parecía en su sano juicio.

Al volver a Salamanca intentó crear su propio grupo satanista, pero no tuvo demasiado éxito porque sus amigas consideraron que sería mejor que la viera un psiquiatra, por más que mi excuñada tratara de hablarles con la verdad sobre los crímenes de la Iglesia y la muy probable posibilidad de que Satanás no era como lo pintaban, sino una víctima más de los curas y las monjas. No comprendía que satánico era todo aquel que no creyera en los salmos sacados de contexto de las Sagradas Escrituras, que en la Bélgica de

1994 el libre pensamiento siguiera prohibido, y que no importa que la gente sepa que adora a alguien peor que cualquier demonio, porque la humanidad está acostumbrada a obedecer y a someterse a los líderes y a la jerarquía, sea ésta la que sea, porque es más cómodo que otros asuman la responsabilidad del bien y señales quién o quiénes representan al mal, sea o no sea verdad.

Con el tiempo mi excuñada desarrolló algunos problemas mentales, como paranoia esquizofrénica, y sus amigas le aseguraban que eso era castigo de Dios, "¡pero no castigo de Satán, desgraciadas!", les respondía entre riendo y enfadada, "porque Satán no castiga ni salva".

Luciferinos

El Satanismo y el Luciferismo comparten ciertos denominadores comunes, pero en realidad ni son lo mismo ni tienen la misma historia ni el mismo fin.

Sello de Lucifer

Hay cierta polémica histórica sobre la identidad de Satanás y Lucifer, ya que en los mismos textos sagrados del judeocristianismo Satanás es el mal consejero, el contrario, el que todo lo critica, el que no está a gusto con nada, el contrario, el enemigo, el falso, el traicionero, pero nunca el guerrero rebelde portador de luz que es Lucifer.

Ángeles Caídos hay muchos, incluso los hay que son mitad divinos y mitad demoniacos, como Samael (el veneno del señor), pero Lucifer se destaca de todos ellos porque retó y enfrentó al mismo Jehová, que fue defendido por el Arcángel Miguel y luchó mano a mano contra Lucifer hasta arrojarlo del Cielo.

Por tanto, el arrojado del Cielo es Lucifer, no Satanás, que si bien tienta a Jesús no lo ataca ni pone en peligro su vida, simplemente intenta convencerlo de los bienes y placeres de la Tierra.

Lucifer ni siquiera hace caso de la existencia del Mesías, pues en algunas tradiciones abrahámicas Jesús no es más que un profeta más, un hombre de carne y hueso en el mejor de los casos, que sería derrotado fácilmente por Lucifer en un combate cuerpo a cuerpo.

Lucifer, en la tradición gnóstica a principios de nuestra era, es más el padre de Jesús que el mismo Jehová, puesto que Jesús se rebela contra algunas de las enseñanzas prohibitivas de la Biblia (palabra de Dios), y hasta Isaías llama portador de luz al Mesías que vendría a salvar al pueblo judío, no a la humanidad, pues los profetas judíos entendían que el resto de la humanidad no eran más que perros y el Mesías solo era para ellos, aunque después y poco antes de su muerte Jesús también rompiera con la exclusividad de la salvación solo para los judíos, lo que lo relacionaba más con Lucifer que con el propio Jehová.

Sí, Lucifer podría estar en contra de Jehová, pero era humanista, pues no excluía a ningún ser humano del mundo ni en lo bueno ni en lo malo.

Los primeros gnósticos de los que se tienen referencia, sí creían en la figura de un Creador del Universo entero, posiblemente Jehová, y en la de un Lucifer rebelde que no veía con buenos ojos la crueldad y prepotencia autoritaria de Jehová contra su propia creación, por lo que se rebelaba y abría un nuevo camino de la humanidad hacia su propia superación como especie.

Para el gnosticismo luciferino actual, el portador de luz ilumina a toda la humanidad, incluyendo a los judíos, porque es eso, Luz, con la capacidad de encarnarse, pero Luz, al fin y al cabo, y más un concepto, una idea.

El luciferismo es muy anterior al satanismo, al menos de manera abierta, pues en algunas tradiciones incluso más antiguas que el judaísmo, el Arcángel Portador de Luz ya existía, se le rendía culto y no estaba para nada en el Infierno, sino cerca de los hombres para iluminarlos e inspirarlos.

En el Yazidismo del Kurdistán, una antigua religión que, aunque minoritaria todavía existe, Lucifer es un ángel de gloria (Melek Taus), no un demonio, que, si bien se rebeló contra el Único Dios, también se redimió y volvió a ser general, arcángel y líder de legiones de ángeles del Cielo, pues Dios se dio cuenta de que en muchas de sus reclamaciones tenía razón, y que, si se había rebelado contra el Creador, era por proteger y favorecer a los hombres.

Aleister Crowley, el famoso esoterista británico y teósofo, al que le gustaba que le apodaran *La Bestia 666*, fue también luciferino, muy crítico con Madame Blavatsky y con las religiones en general, señalando los defectos, aires de grandeza, jerarquías y demás señuelos adoctrinadores para irresponsables de sí mismos, en su revista *Thelema* y en su obra más popular, *El libro de la ley*, donde hace una curiosa exégesis de Lucifer que muchos de sus seguidores tomaron por cierta.

Crowley apostaba por la voluntad y por la responsabilidad del ser humano en lo que respecta a sus obras, actos, pensamientos y sentimientos, que no puede recaer ni en dioses ni en demonios, y que ese era el mensaje de Lucifer para el mundo: "Solo tú eres responsable de ti mismo", una frase que hoy puede parecer de lo más normal, pero que a principios del siglo XX era casi un delito, pues animaba a las personas a ejercer su albedrío y pensamiento más allá de Dios y de los mandatos divinos.

Tanto era así, que hasta Oscar Wilde fue considerado satánico, casi luciferino, por su novela *El retrato de Dorian Grey*, donde se insta a las personas a ser dueñas de sí mismas a pesar de los pecados que puedan cometer. Cuando fue condenado por actos homosexuales, prohibidos legalmente en la Inglaterra victoriana, muchos le recordaron su mala influencia de querer liberar a los hombres de la sombra de Dios.

El satánico/luciferino Oscar Wilde

"Temo más a los buenos porque son creyentes y son capaces de matarte por defender sus creencias que a los malos, porque no creen en nada."

Desde los gnósticos y agnósticos de la antigüedad, lo divino debía ser la luz de la paz, el amor y el entendimiento; y el mal los errores del bien, por lo que se debía mantener viva la llama luciferina del bien, para evitar esos errores de abuso y violencia que se producían en las mismas cúpulas del bien.

Este pensamiento que parece algo confuso, une al bien con el mal y los hace necesarios para la mutua existencia, porque sin mal no hay necesidad de bien, y sin bien no hay necesidad de mal.

Sin esa necesidad ni los Masones, los Rosacruces, los Francmasones, los Illuminati, los Teósofos, los Jesuitas, los Ocultistas, los Gnósticos y las demás sectas que han intentado salirse del hálito o del presupuesto de las religiones judeocristianas, habrían sido tratadas de luciferinas, hijas del mal, comunistas, con cuernos y cola bajo las ropas, come niños, sucias, falsas y del todo contrarias a la verdadera religión y a la verdadera fe.

Incluso la ciencia ha pasado por etapas en que se le señaló de atea, hereje, malvada, inmoral, blasfema, irresponsable, satánica y luciferina simplemente por no compartir la sabiduría divina que viene anotada en la Biblia, donde la Tierra es un disco plano con montañas, la triquina demonios que habitan en los cerdos, el planeta en que vivimos el centro del universo, la humanidad descendiente solo de dos personas con tres hijos varones, y otras cosas similares igual de certeras e indudables, porque Jehová no se equivocaba (tampoco el Papa ni el Pope), y quienes dijeran lo contrario o manejaran otros datos, eran reos de condenación, excomunión y vetados para entrar al Paraíso Celestial.

Lucifer, el Prometeo semítico y judeocristiano, era un anatema, y sus seguidores debían ser quemados en la hoguera para limpiar lo que les quedara de alma, y Lucifer el verdadero culpable por haberlos seducido con la terrible luz del entendimiento o del conocimiento, que en el Paraíso Celestial no servían para nada.

Lo curioso es que hay científicos renombrados y filósofos reconocidos que niegan a Lucifer y se declaran o fingen ser creyentes de alguna manera, quizá de una idea de Dios más noble y elevada, pero creyentes, al fin y al cabo, aunque solo sea para conservar el empleo, no perder la cabeza (literalmente) ni discutir necedades ni perder el crédito o la fama.

XII
¿DE QUÉ SIRVE VENDER EL ALMA?

Cuando se invoca al Demonio, decía mi abuela, lo más seguro es que no pase absolutamente nada, y si acaso una puerta rechina o una ventana se abre de golpe, lo único que pasará es que se le derrame la bilis del susto al que lo ha invocado.

Invocar al Diablo es como la lotería, que solo le toca a alguno de vez en cuando, porque si le tocara a todo el mundo, todos seríamos igual de pobres o igual de millonarios, que es lo mismo.

Por si las dudas, el cura del pueblo decía que tentar al Diablo es atraer las peores desgracias, porque el pueblo, en su bendita ignorancia, te puede sacar el Diablo a palos o clavándote una estaca en el corazón, como le ha sucedido a algunas gallinas negras o a algunos recién nacidos, que ni siquiera lo han invocado.

Las supersticiones son poderosas, tanto como los fanatismos y hasta como algunas creencias que pasan por sanas, santas y buenas.

Si este libro se llama *Satanás, el Arcángel del Mal*, es por la contradicción supersticiosa que hay entre un Ser de Luz, un Arcángel, y el Mal, que en un principio no deberían ir juntos, pero que en la realidad de las supersticiones, los fanatismos y las creencias religiosas (que vienen a ser más o menos lo mismo), suelen ir bastante unidas, entre muchas otras cosas, porque la concepción del bien y del mal es parte de la condición humana desde hace miles de años, y lo que en un principio solo era la amenaza de las fieras, las enfermedades y la muerte como referentes del mal, se ha trasladado a lo cotidiano, donde el mal puede estar en la pareja, en los hijos, en las mascotas, en los aparatos eléctricos y hasta en un frasco.

Las posesiones que antes eran un bien, como la comida, la compañía familiar, una cueva y unas pieles para combatir el frío de la noche o del invierno, se han convertido en un mal que además tenemos que trabajar para poder pagarlo y poseerlo, y encima nos puede hacer daño, enfermarnos o convertirse en una pesada carga llena de conflictos y violencia.

¿Qué le podemos ofrecer al Diablo para que nos saque de este infierno?

¿Nuestra alma?

¿Vale algo nuestra alma?

Si algo vale, ¿por qué no hay mil demonios persiguiéndonos para adquirirla al precio que sea?

GENIOS ÁRABES Y DEMONIOS JUDEOCRISTIANOS

En la mitología árabe muchos de los genios que conceden deseos son malvados, otros son tramposos y no cumplen exactamente con lo que se les pide, y otros cumplen por obligación, no por gusto, y hasta pueden matar al peticionario una vez que le han cumplido el deseo.

No faltan genios que no cumplen deseo alguno, sino que se aprovechan de la mala suerte que ha tenido quien los descubre o saca de su encierro.

El rey Salomón es el mago que domina a los demonios, o genios, en *Las mil y una* noches, encerrándolos o mandándolos al fondo de los ríos y los mares sin que puedan escapar, y si un humano cae en sus trampas, el humano tiene que invocar al rey Salomón, y no a ningún Diablo o Demonio.

Un genio árabe puede tomar la forma de un hombre, un animal, una planta o cualquier objeto o cosa, como cualquier ángel o demonio judeocristiano, por lo que es muy posible que en las religiones abrahámicas hayan copiado el modelo para encasquetárselo al Diablo y a algunos Ángeles Caídos.

Genios árabes, los abuelos de los demonios

A cualquiera se le puede aparecer el Diablo, como al *Doctor Fausto* de Goethe, siempre y cuando sea católico, protestante o cristiano y crea en las leyendas que le han contado desde su infancia, si no es muy improbable que suceda.

De esa tradición viene la creencia que los demonios en general, y Satanás o Lucifer en particular, pueden cumplir los deseos de las personas que les venden su alma o que sabiamente los invocan.

INVOCACIÓN SATÁNICA

Como decía mi amigo Josep, de Maquom, la Cueva de los Brujos, "cada maestrillo tiene su librillo", y cada quien se inventa su propia invocación, o la mal copia de uno de tantos libros y tratados de Magia Negra.

Lo de "mal copia" es por los elementos que se piden para hacer la invocación:

-Dibujar en tierra virgen un pentagrama invertido.

-Rodearlo de un doble círculo perfecto, un aro.

-Plasmar en el aro las letras IHVH, o del Tetragramatón, de Norte a Oeste, de Oeste a Sur y de Sur a Este.

-Dibujar el sello del Demonio al que se va invocar en el centro del pentagrama.

-Añadir los símbolos de Saturno y Venus en los cuernos; de Marte y Mercurio en las orejas; y de la Luna en la barbilla.

-Rodear de cirios el círculo, que se encenderán desde dentro en el momento de la invocación.

-Prepararse antes de la invocación con un día de ayuno y una limpieza profunda.

-No tener sexo en 24 horas.

-No ir ni pasar frente a una iglesia en 24 horas.

-El ritual se tiene que hacer un día de Luna Nueva o un día de Luna Llena, e incluso el 29 de septiembre, día en que está ausente San Miguel Arcángel.

-La hora en que debe hacerse el ritual es de las 12:30 de la noche a las 3 de la madrugada, que es cuando se abren las puertas del Infierno. Ni antes ni después.

-Hacer una tinta con sangre de gallina negra sacrificada al amanecer, aceite de mandrágora, baba de sapo, ceniza de campo santo y alcohol natural.

-Conseguir un vellocino y escribir en él, con la tinta elaborada, el contrato de venta del alma y los deseos que se piden a cambio.

-No olvidar las cerillas o la herramienta para hacer el fuego, pues una vez dentro del círculo.

-Entrar al círculo vestido de negro y con capucha y capa negra que cubran la cabeza y la espalda.

-Una vez dentro, encender los cirios y repetir seis veces la siguiente invocación:

-"¡Oh, Satanás, Lucifer, Luzbel, Mefistófeles, rey del Infierno y Amo de la Tierra! Permite que venga a nos (nombre del demonio en particular, como, por ejemplo, Asmodeo) para que cumpla nuestros deseos en mayor Gloria de tu nombre. ¡Qué así sea!"

-El contrato debe firmarse por las dos partes, tanto por Satanás o el demonio de turno, como por el operador para que tenga validez.

-No salir del círculo de invocación por nada del mundo hasta pasadas las tres de la mañana, pues es muy peligroso, pues en lugar de lograr un acuerdo el operador se expone a ser poseído, desintegrado o llevado directamente al Infierno.

POSESIÓN DIABÓLICA

A cualquiera se le puede meter en el cuerpo el Diablo, como al *Doctor Fausto* de Goethe, pero siempre y cuando sea católico, protestante o cristiano y crea en las leyendas que le han contado desde su infancia, si no es muy improbable que suceda.

En otras palabras, es un hecho cultural de rechazo al diferente, porque resulta que los endemoniados del pasado eran personas con trastornos mentales más o menos graves, como en los Evangelios, donde Jesús hacía de exorcista para echar fuera del cuerpo de las personas y de los cerdos a los demonios que llevaran dentro.

En ninguna otra religión suceden las posesiones diabólicas, e incluso en algunas sectas hindús las personas "diferentes" son sagradas, y lejos de sacarles los demonios a golpes o con agua bendita, los alaban y hacen todo lo posible para que lleven una vida grata.

La ignorancia es muy atrevida, perjudicial y hasta violenta y peligrosa, tanto, que el Vaticano cuenta con exorcistas que echan a los demonios del cuerpo de las personas tras una generosa gratificación por parte de la familia del afectado, en una forma de manipulación que consiste en primero crear el problema (como en el caso de la última "pandemia"), y luego dar la solución en forma de vacuna o exorcismo.

Mi querido Uriel me dice que tanto los ángeles, como los demonios, tienen mejores cosas qué hacer, que andar poseyendo a cualquiera; solo los Íncubos y los Súcubos interaccionan con las personas de esa manera, pero lo hacen en sueños y sin quedarse dentro de nadie tras los efluvios orgásmicos que generan.

El cine ha hecho una buena y extensa propaganda de un hecho que solo compete a la Iglesia Católica, y que se ha trasminado de la forma más artera y ridícula a las sectas cristianas, cuyos pastores se aprovechan del efecto de concentración y éxtasis de las histerias colectivas (trances) en las que caen sus incautos feligreses.

Posesión diabólica

Con el Vudú y el yoruba sucede algo similar, ya que se utiliza el trance que sufren sus feligreses (hasta los aficionados al futbol entran en trance emocional), para alterar la conciencia de los congregados y así venderles que han estado en contacto con los dioses.

Bien motivado, cualquiera puede entrar en trance para después interpretarlo como quiera dentro de su contexto cultural, sus anhelos, sus creencias y su religión, como una bendición al estilo Santa Teresa de Jesús, o como una desgracia y un trauma permanente. La mente es muy poderosa y a veces convierte en realidad no solo los sueños, sino aquello que inventa o en lo que fanáticamente cree.

LOS ELEMENTALES EN LA CÁBALA

Dentro de la tradición cabalística, donde cada letra es un bloque de información pues corresponde a un número con un significado secreto que solo conocen los expertos y que le da a cualquier texto otro contenido al aparentemente expuesto, con lo que la Tora (Biblia Hebrea) contiene diferentes interpretaciones y miles de misterios página a página y verso a verso.

Las 22 letras del hebreo son cifras que pueden darle otro sentido a lo escrito, como si de un alfabeto secreto y codificado se tratara.

Bien, en este orden de ideas, el Árbol de la Vida de la Cábala nos habla en cifras y letras de la composición verdadera y oculta del Universo, donde la primera cifra, Kether (la Corona), es la más elevada, y Malkuth (el Reinado), es la más baja.

-Debajo de cada Malkuth hay un Kether en un Nuevo Mundo, con lo que el Malkuth de un tronco, es superior al Kether de la nueva rama.

-El Kether del Mundo Espiritual sería el Macroprosopus, el Dios que no podemos siquiera concebir, y su Malkuth sería Jehová, entre el Mundo Celestial y nuestro Mundo Material.

-Jehová, como el Malkuth del mundo intermedio entre la Tierra y el Espíritu (el Cielo), pasa a ser el Satanás o Lucifer Kether en el mundo terrestre; de esta manera el Diablo es la Corona del Mundo Material donde residimos los seres vivos.

-El Malkuth de nuestro Mundo Material no tiene nombre, o no lo sabemos, pero sería el Mundo Infernal o Submundo Astral, donde se encuentran los demonios menores, dioses desterrados u olvidados, santos y vírgenes activos, y, sobre todo, los Elementales, seres demoniacos y torpes, pero manipulables por el ser humano, pues se encuentran por debajo de él y tienden a obedecerlo como el empleado, el obrero y el esclavo obedecen, admiran y respetan a su amo. A ellos es a los que realmente invocamos para que cumplan nues-

tros deseos, y ellos hacen lo que pueden para satis-
facernos, aunque su poder es muy limitado y apenas
si en realidad pueden servirnos correctamente y ayu-
darnos.

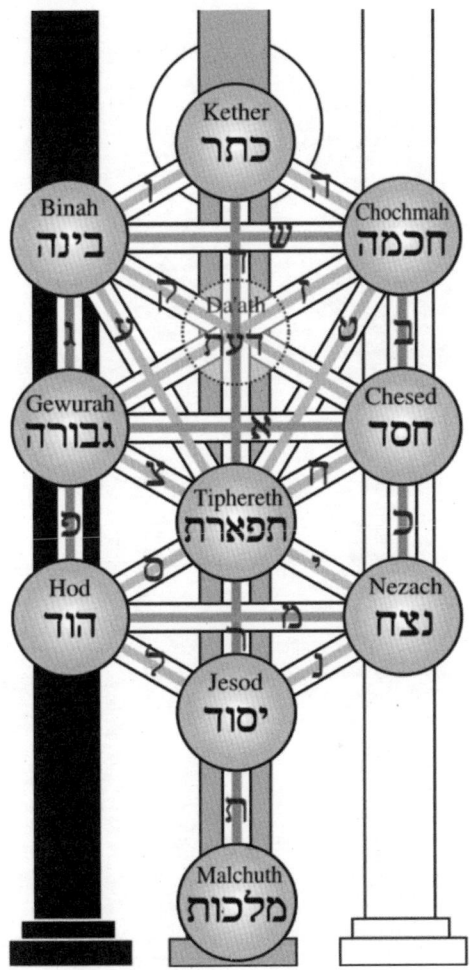

El Árbol de la Vida Cabalístico

Los Elementales pueden quedarse con nosotros por
mucho tiempo, pero no pueden ni saben poseernos,
aunque de vez en cuando, como demonios menores,
pueden gastarnos alguna broma, asustarnos o intentar rebelarse a nuestros designios.

213

Epílogo:
Sin impunidad salvadora

*Que el castigo o el premio
no sean tu motivación,
sino la armonía y tranquilidad
de tu propia alma.*
ZOROASTRO

¿Quién es exactamente Satanás?

"Somos legión", diría el mismo Diablo, porque la esencia del mal, desde el primer demonio hasta el último, se encuentran dentro de todos y cada uno de nosotros, por lo que debemos combatirlos en todo lugar y a toda hora con buenos pensamientos, buenas acciones, buenos sentimientos y buenas palabras.

Los malos pensamientos, los males sentimientos, las malas acciones y las malas palabras le abren las puertas a cualquier Encarnación del Mal, a cualquier Ángel Rebelde o Caído, para que se apoderen de nuestra vida, de nuestro corazón y de nuestra alma.

En el ser humano hay simiente divina, que es capaz de combatir con todo lo malo interno y externo. Los seres de luz nos guardan, pero somos nosotros los que hemos de presentar batalla y mantenernos firmes en la bondad, el amor y la felicidad.

No hay impunidad, porque todo acto, bueno o malo, tiene consecuencias para uno mismo y dentro de uno mismo, además de que las leyes humanas o divinas puedan aplaudirlas o sancionarlas.

No hay juez más severo que uno mismo.

Pero también no hay juez más corrupto y negligente que nuestro propio ser interno que se deja sobornar fácilmente.

Confundimos lo que es perdonar a los demás y perdonarnos a nosotros mismos, con las excusas, las justificaciones y echándole la culpa a los otros, a los demonios, los dioses o las circunstancias.

Mi abuela diría que esa es la verdadera esencia del mal, nuestra propia y perezosa mala conciencia, la que nos hace mentirnos a nosotros mismos, aunque, tarde o temprano, una noche cualquiera al poner la cabeza en la almohada, puede aparecer de pronto recordándonos nuestras propias y olvidadas faltas, porque no hay impunidad total, y de una o de otra manera debemos repararlas para no irnos al otro mundo con una pesada y a veces innecesaria carga.

Uriel, mi ángel desde la infancia, me dice que lo de esta vida pertenece a esta vida, y que para ir a la otra vida lo mejor es hacerlo satisfecho con esta existencia y sin demasiadas cargas acumuladas, pues esas cargas atan y pesan y nos amarran a esta vida, con lo que morir no es suficiente ni los arrepentimientos en el más allá limpian el alma.

El ser humano crea cada día a los Dioses, Ángeles y Demonios a su imagen y semejanza.

No hay demonios ni infiernos del otro lado, es cierto, porque los demonios e infiernos los llevamos dentro y los vivimos y experimentamos en esta vida, no en la otra, por eso es mejor que los limpiemos y dejemos en esta vida, sin esperar a la limpieza, salvación o redención en la venidera, porque esas cosas no existen en el más allá ni en el mundo espiritual, sino en una zona intermedia y fantasmal que para muchos no suele ser nada agradable, pero no por ser un castigo, sino por la propia necedad y la propia carga.

Vive, por tanto, tan intensamente como puedas o sepas vivir, pero hazlo siempre con buenos pensamientos, buenas emociones, buenas acciones, una sonrisa, y buenas palabras, que Satanás no espera allá afuera, lo que conceptualizamos como Satanás está dentro de nuestra propia alma.

¡AY, DIOSITO!

¡Ay, diosito!, ¿hay diosito?,
pues no lo sé con certeza,
pero yo tengo unos cuantos,
quizá unos veinticinco,
a algunos los menciono a menudo,
a otros casi siempre los olvido.

Están, por ejemplo,
la Virgencita Marinela
y mi Diosito Bimbo,
a los que tantas diabetes debo;
mi preceptor en la cuna,
don Uriel el desencarnado,
luz dorada que me hablaba
con cierta forma de humano;
mi Padre Celestial,
fórmula mágica mormona
junto a su hijo mítico, el Ungido,
drogas maravillosas,
viaje astral al infinito;
Jehová, Yahvé, Alí, Alá, Enkil, Baal
(transformado en Belcebú),
que son uno y es el mismo
por aquello del afán
de ser el Único mandamás
en el cruel monoteísmo;
Satanás, ni por detrás,
Lucifer, habría que ver;
Eleguá, el último en irse
y el primero en llegar,
o algo por el estilo;
San Roque hermoso,
el único que me ha dado
algo bueno y material,
un contagio contagioso,
y que es patrono de mis libros;

La Guadalupana,
aunque sea ella un invento,
que ni creencia ni fe
esperan un raciocinio;
mi Musa Amada sin nombre,
aunque a veces lo adivino
pero siempre me lo callo
por aquello del Destino;
y un Ser que vive en la uña
del dedo gordo de mi mano izquierda
y que me avisa del dinero,
pobre y menesteroso,
pero es un buen compañero
que comparte su tesoro,
y no como la Fortuna,
traicionera y taciturna
que me niega siempre el oro;
y, aunque la verdad muy poco
pues me he vuelto pacifista,
uno al que llamo, o llamaba,
señor Dios de los Ejércitos
(por sentirme poderoso),
con el que cierro esta lista.

Por supuesto, eso no impide
que me considere,
siempre personalmente,
puro y anarconihilista,
y ateo muy orgulloso.

Aunque...
¡Ay, diosito caprichoso!,
porque una cosa es la razón
que por muy razonable que sea
no me impide también ser
un pelín supersticioso
que espera algún milagrito
sin tener que trabajar

y sin tener que sufrir.

¡Qué trabajen los divinos
mientras yo disfruto y gozo
haya o no haya diosito!

Todo lo que hacemos en este mundo, en este mundo se queda, y se puede ser muy "malo" y morir tan a gusto, o ser muy "bueno" y morir de la peor manera, sin que Satanás ni Jehová (o similares) puedan hacer nada para cambiarlo.

La responsabilidad es nuestra, por lo que es una necedad humana muy extendida el vivir mal, sufriendo, reprimiéndose y sometiéndose a ideas y creencias absurdas, cuando podemos vivir divinamente y en plena libertad.

La vida en sí no es justa ni seria ni legal, y no tiene por qué serlo. La vida es simplemente la vida, y nada más.

Recuerda que la fe no es suficiente para las grandes religiones, y que cualquier fallo puede condenarte, incluso si no te das cuenta en qué o cómo has fallado.

La verdad es que la vida es solo un paseo entre el antes del nacimiento y el después de la muerte, y no hay Satanás que nos condene ni Dioses que nos salven; y tampoco hay impunidad para salvarnos y llevarnos al Cielo, porque estamos aquí y ahora en la Tierra, y del mañana en realidad nada sabemos, así que hagamos lo mejor posible para vivir a gusto y plenamente antes de volver al Paraíso de dónde venimos. Amén.

BIBLIOGRAFÍA

El Corán, Plutón Ediciones, España, 2021.

La Sagrada Biblia, Plutón Ediciones, España, 2014.

La Tora, Amazon, 2023.

Cronin, Archibald Joseph, *Las llaves del Reino*, Editorial Juventud, Barcelona, 1971.

Goethe, Johann Wolfgang von, *Fausto*, Alianza Editorial, Madrid, 2014.

Milton, John, *El paraíso perdido*, Herder, México, 2018.

Poncela Jardiel, Enrique, *La tournée de Dios*, Editorial Verbum, España, 2020.

Tapia Rodríguez, Javier, *El gran libro de las mitologías*, Plutón Ediciones, España, 2024.

T. Shine, Jake, *Magia Negra*, Plutón Ediciones, España, 2021.

Zamora, Rubén, *Descubre a tu ángel personal*, Plutón Ediciones, España, 2019.

ÍNDICE

Prólogo: El Mal.................................... 5

SATANÁS, EL ARCÁNGEL DEL MAL

Introducción: El Bien.............................. 17

I: Satanás, el amigo de Jehová 25
II: Lucifer, el más hermoso de los ángeles........... 47
III: Luzbel, el lucero de la mañana,
    y otros demonios 67
IV Los Ángeles Vigilantes y Guardianes
    de la Humanidad 99
V Los Nefilim, hijos de las humanas
    y de los ángeles............................. 111
VI Ángeles Caídos, Extraterrestres
    o Demonios Elevados 119
VII: La humanidad, ¿ángeles castigados? 127
VIII: El saber: la sombra oscura
    del ser humano.............................. 143
IX: Los infiernos de Dante, y otros más.............. 159
X: Los paraísos celestiales........................ 175
XI: Satánicos y Luciferinos....................... 189
XII: ¿De qué sirve vender el alma?.................. 205

Epílogo: Sin impunidad salvadora.................. 215

Bibliografía 221